中华经典百句

传习录
百句

吴 震 著

中华书局

图书在版编目(CIP)数据

传习录百句/吴震著. —北京:中华书局,2024.6
(中华经典百句/陈引驰主编)
ISBN 978-7-101-16634-7

Ⅰ.传… Ⅱ.吴… Ⅲ.《传习录》-研究 Ⅳ.B248.22

中国国家版本馆 CIP 数据核字(2024)第 100348 号

书　　名	传习录百句
著　　者	吴　震
丛 书 名	中华经典百句
丛书主编	陈引驰
丛书策划	贾雪飞
责任编辑	胡正娟
封面设计	毛　淳
责任印制	陈丽娜
出版发行	中华书局
	(北京市丰台区太平桥西里 38 号　100073)
	http://www.zhbc.com.cn
	E-mail:zhbc@zhbc.com.cn
印　　刷	天津善印科技有限公司
版　　次	2024 年 6 月第 1 版
	2024 年 6 月第 1 次印刷
规　　格	开本/880×1230 毫米　1/32
	印张 8¾　插页 2　字数 140 千字
印　　数	1-8000 册
国际书号	ISBN 978-7-101-16634-7
定　　价	56.00 元

总　序

我们的"传统"，是我们走向未来的负担还是资源？这个问题曾经，或许至今仍会引起人们的争议。

在我看来，答案是清楚的。

世上没有纯然正面的或者纯然负面的存在，既有的经验对于当下及未来的价值如何，端赖我们自己的抉择。今天，我们应该都了解，所谓"传统"不是过往存在的一切，而是被身处时间下游的我们在此刻所看取、认同和实践，从而得到延展、生发的那一部分。我们不是被动地承受"传统"的影响和作用，而是在承受的同时，站在我们当下的立场，努力尝试着塑造"传统"。说到底，我们的当下和未来，由我们自己负责，而不是任何过往。

在这个意义上，我们既往的文化传统，在人类文明的发展之中，历史既悠久而绵延，蓄积自非常之丰厚，足以成为我们的资源，供我们弋取、参稽、实践。这是我们对中华文化的先人们理所应当怀抱感恩之情的缘由。

中华文化的多元丰富，呈现在物质、制度和精神诸方面，而各层面的传统文化当今的存在与价值，容有不同的现实意义和可能前景。物质文明曾有的光辉，已经历了日新月异的知识、技术进步的挑战；制度的构造在空前扩大的时空范围内，处于与不同文明的别样类型持续的协商、通约之中；观念与思想的世界在显示着独特的精神取向的同时，有待更深入的沟通、理解和互融。

然而无论如何，我们走近乃至走进我们自己的文化传统，尤其是观念与思想世界的路径，是通过传统的典籍。历代流传至今的中华经典，最为直接而全面地承载了我们的文化。我们文化的历史信息、知识经验乃至聪明智慧，有赖经典文本留存、展现在我们眼前。

中华经典，远可追溯至三千年前，近则可晚到近代一二百年间，广涉从物质文明到思想精神的广阔世界，或长篇巨制或精悍短什，或独抒己见或众声喧哗，或曲折深奥或直白如话，或想落天外或精思入微，数量既夥且形态各异，辩理怡情而各有所宜，上天入地至涵括万有。遍读经典，尽览智慧，只能是理想；钩玄提要，萃取精华，才可谓现实。

"中华经典百句"系列，有意择取历史上具有重要地位且对当下有积极启示的经典文本，寻章摘句，直取关键，对原句加以易解的注译，缀以解说者的认识、领悟和发抒，期待读者能与解读者一同尝脔肉而知鼎味，窥一斑而略识全豹。

或曰："'七宝楼台，眩人眼目，碎拆下来，不成片段'，如此截取语句，岂非破坏了经典本来的整体光华？"然而，古典诗学中有所谓"诗眼"之说，陆机《文赋》也提到文章中"片言而居要""一篇之警策"的情形，经典篇章本身终究内含有精彩而关键的语句，无妨采撷；进而，即使采撷之后的片片闪光与原初的整体光华不尽契合，但如月映万波，水波所映现的万千光闪并非本来之月光，但它们确实是对天空月光的回映，是月光之映照的斑斑印迹——从经典中撷择的精言警句，岂不也正是经典光彩的种种投射？

陈引驰

2024 年 5 月 28 日

目　录

引言　一代大儒王阳明

　　十六世纪初的明代中国，已是传统帝制社会的晚期，此时在儒家思想文化历史上，出现了一位大儒——王阳明，他的思想被后人称作"阳明心学"（又称"阳明学"），是宋代程朱理学（又称"朱子学"）之后儒家哲学发展的又一理论高峰。十七世纪中叶进入清代之后，由于学术和政治的原因，阳明心学一时沉寂，至清末民初开始逐渐复兴，其中在二十世纪初现代新儒家思潮中，有不少代表人物如梁漱溟、熊十力、贺麟等十分重视儒学传统中阳明心学的理论价值，在现代中国哲学的建构中，开创了"新心学"的发展方向。在复兴中华优秀传统文化的当下，阳明心学作为中国传统文化的一项重要思想资源，正日益受到人们的广泛关注。

　　王阳明，名守仁，字伯安，因早年常讲学于绍兴的阳明洞，所以世称阳明先生。成化八年(1472)，阳明出生在浙江绍兴府余姚县(今属宁波市)的一户仕宦大家。青少年时，他豪迈不羁，喜骑马射箭,渴慕豪杰,期望建功立业;聪慧好学,才思敏捷,好词章,曾沉迷于佛老之学。但他自小志向远大,不以读书科举为志,而以学做圣贤为人生"第一等事"。

阳明生活的时代,从朝廷到民间的整个社会,被程朱理学的思想所笼罩。人们的言谈举止、立身行事等,莫不恪守程朱理学的规定,服从程朱理学的权威。自然,对于年少的阳明来说,读书学圣贤,便是遵循程朱理学的格物穷理的教诲。

因为按照朱熹的为学路径,如想成就理想人格,就必须首先经过知识学习,通过"即物穷理""格物致知"的方法,了解和把握各种各样的事物之理及其客观知识,然后才能一步步成就圣人或君子那样的崇高人格。

因此,少年阳明便立下格物的志向,曾经面对庭院的一片竹林,进行了"格竹"的知识实验。但可想而知的是,面对竹子冥思苦想,并不能想明白竹子的道理,最终格竹失败,阳明大病了一场。这一失败使得阳明对"读书学圣贤"心生怯意,觉得格物穷理非一般人所能做到。然而事实上,这场格竹实践的失败,却在他心中隐隐产生了思想上的疑问:通过向外物以求其理的工夫实践,能否解决心与理"判若两截"的问题呢? 退一步想,即使一个人能够格尽天下之物,但这种格物工夫又与自家身心有什么关联呢? 当然,对于少年阳明而言,他并不能完全解决这两个思想疑问。但应该说,"格竹事件"无疑是阳明后来探寻一条新的成就圣贤之路的思想"导火索"。

弘治十二年(1499),阳明第三次参加会试,考中进士。弘治十三年至十八年(1500—1505),他在北京任职,同时广泛结交朋友,并且开始授徒讲学,其所讲的主要不是词章之学,而是与自我密切相关的身心性命之学,这也意味着阳明在思想上,再次转向追寻儒家传统的圣人之学。弘治十八年(1505),阳明与湛若水相识定交,相约一起昌明圣学。他的爱徒徐爱也在这年进京,拜阳明为师,成为阳明的开门大弟子。此时阳明的思想趋向已定,是"龙场悟道"的预伏期。

正德元年(1506),王阳明三十五岁,因言获罪,被贬到贵州龙场去做驿丞。正德三年至正德五年(1508—1510),是他"居于蛮荒之地"的三年。三十七岁这年,他终于大悟困扰良久的"格物致知"问题,领悟到"圣人之道,吾性自足",意识到"向之求理于事物者误也"。(《王阳明年谱》)这便是著名的"龙场悟道"。

所谓"圣人之道,吾性自足",是说儒家圣人所讲的道理,原来就在我自己的心中充分具备,无须外求,这便是阳明心学的第一命题——"心即理",从此开创出一个与程朱理学不同的思想世界,即陆王心学的儒学派别。

正德四年(1509),王阳明在贵阳龙岗书院提出其思想中第二个著名的命题——"知行合一"。"知行合一"是阳明心学的基本命题之一，是阳明的"立言宗旨"，也是其哲学思想的一项重要理论贡献，与朱熹"知先行后"说形成鲜明对照。

正德八年至十一年（1513—1516），王阳明在滁州、南京任职，授徒讲学。其间，阳明的授徒讲学之法经由"高明一路"的静坐反省，转变为一种"存天理，去人欲"的"省察克治实功"。（《与滁阳诸生并问答语》）明末大儒黄宗羲注重阳明在滁州、江西、越州三个阶段的思想变化发展，但在阳明的一生中，南京时期也是一段重要的思想阶段，包含了其致良知思想最终形成的诸多因缘，是阳明与朱子学者的一个思想交锋时期，是其一生前期向后期过渡的时期。

正德十二年至嘉靖元年（1517—1522），王阳明在江西五年，一面平诸寇，擒宸濠，一面讲学不辍。在此期间，他先后提出："尔那一点良知，是尔自家底准则。"又言："良知是造化的精灵。"又进而指出："此'致知'二字，真是个千古圣传之秘。"（《传习录》下，二一一）又言："近来信得'致良知'三字，真圣门正法眼藏。"（《王阳明年谱》）以上议论，便是阳明晚年著名的"致良知教"。可见，阳明在江西平乱近五年，创下盖世奇功，兵戎岁月，却不忘授徒讲学，由阐发"诚意之学"到发明"致良知学"，标志着阳明心学的成熟圆融。

嘉靖元年至六年（1522—1527），王阳明在绍兴老家度过了一生中最后六年的乡居生活,此间门人益进,阳明常常与门人弟子阐述"致良知"等心学思想。

嘉靖四年(1525),王阳明在《答顾东桥书》中除阐述"知行合一""致良知"外,还阐述"万物一体"思想。而阐述"万物一体"思想的文字即《拔本塞源论》,长达两千余字,纵论古今,气势磅礴,痛快淋漓,一气直下,读来令人荡气回肠,感奋不已。阳明的"万物一体"论不仅是一种哲学观念、价值关怀,也是一种社会理论、实践理论。

嘉靖六年(1527),广西思恩、田州爆发叛乱。鉴于此前阳明平定匪乱、宸乱的武功韬略,朝廷再次任命阳明出征思恩、田州。

在启程前夜,王阳明应弟子钱德洪、王畿之问,在天泉桥,提出"无善无恶是心之体,有善有恶是意之动,知善知恶是良知,为善去恶是格物"(《传习录》下,三一五),这便是著名的"四句教",史称"天泉证道"。阳明出发后经过严滩,钱德洪、王畿追送至此。阳明又阐发"有心俱是实,无心俱是幻""无心俱是实,有心俱是幻",史称"严滩问答"。

阳明逝世后,关于"四句教"的争论,聚讼纷纭。其实,据朱得之辑《稽山承语》记载,嘉靖五年(1526),阳明与门人论良知心学,便首次揭示"王门四句教",言:"无善无恶者心也,有善有恶者意也,知善知恶者良知也,为善去恶者格物也。"这是最早的"王门四句教"的记载,比"天泉证道"早一年。可见,"四句教"绝非阳明在"天泉证道"之际的偶发之语,而是他晚年屡有言及的重要教法。

嘉靖七年十一月二十九日(1529年1月9日),阳明在归途中,卒于江西南安青龙铺。一代大儒谢世,其功业足以彪炳史册,其思想更是程朱理学之后的第二大高峰。

《传习录》是王阳明的一部语录体著作,其中也收录了若干书信。这部书的篇幅不算大,计有八万余字。按今人的条目划分,共计三百四十二条。《传习录》不仅是阳明心学的思想宝库,而且后来逐渐成为儒学史上一部重要的传世经典,其中"心即理""知行合一""致良知""万物一体"等观点不仅是阳明学的智慧结晶、重要理论,而且业已成为儒学传统中最富代表性的内容之一。

本书所收王阳明语录,以《传习录》为主,适当采自《王阳明全集》,这样做是为了方便读者更全面地了解王阳明的思想观点。

蔡世新绘《阳明先生小像》

圣人的道理就在我心

忽中夜大悟格物致知之旨,寤寐中若有人语之者,不觉呼跃,从者皆惊。始知圣人之道,吾性自足,向之求理于事物者误也。

(《王阳明全集》卷三十二《年谱一》)

译文:

忽然有一天深夜,(阳明)大悟格物致知的旨意,睡梦中仿佛有人在耳旁说话,不觉欢呼雀跃起来,侍从们都很惊讶。(阳明)才知道圣人之道就在我的心中,充分具足,从前求理于事物的做法是错误的。

"龙场悟道"是阳明心学史上的重大思想事件。"龙场悟道"中"龙场"为地名，在今贵州省修文县，"悟道"则是指阳明对儒家圣人之道的领悟。

"龙场悟道"的核心内容为"圣人之道，吾性自足"。所谓"大悟"，显示阳明在其生命的困苦艰难时段、生死危难关头，通过与圣贤的思想对话，获得了来自圣贤的教诲与启迪。自此，阳明逐渐开辟出不同于程朱理学的心学思想世界。"龙场悟道"是阳明学的起点，也是阳明心学逐渐形成的标志。

此事发生的原因还须往前追述，包括两个方面的前因：一是此事件的直接起因，二是思想上的起因。

先说第一点。正德元年（1506），明武宗朱厚照登基上台，当时朝政被以刘瑾为首的宦官集团操控。面对黑暗不堪的政治局面，有言官上疏，对此进行批评，结果却被逮捕入狱。阳明为维护正义，上疏表示抗议。在这篇奏疏中有"去权奸"一词，引起了宦官刘瑾等人的想象：这无疑是在影射他们。结果阳明也被锦衣卫逮捕入狱，随后遭到了廷杖的酷刑。次年被贬为贵州龙场驿丞。抵达龙场则在一年后，即正德三年（1508）春。

再说第二点。早在"龙场悟道"之前，阳明在思想上经历了多次苦闷、挫折甚至失败。简单来说，早年阳明深信程朱理学的格物穷理学说，多次按照朱熹的说法进行格物实践，但不论怎样努力,总是无功而返,而且为此得病,使得他深深感叹自己的心与外在的理是难以合一的,朱熹"即物穷理"以学做圣贤的道路,不是一般人能走得通的。这就为后来的"龙场悟道"埋下了伏笔。

正德三年(1508),阳明三十七岁,这年的春天,阳明终于到达了龙场。那里是一片崇山峻岭、交通不便、野兽出没的荒凉之地,当地人讲的是少数民族方言,也无法进行语言交流,甚至连像样的居住场所都没有。就是在这样极其恶劣的生活条件下,阳明前后生活了三年。

当然,与此同时,阳明并没有停止思想上的探索。他常常心中默念一个问题:"圣人处此,更有何道?"(《王阳明年谱》)意思是说,如果圣人今天也在此,那么他将有什么可说的呢?这个问题的实质是:儒家的圣人之道究竟何在?阳明心中默念的其实就是这个问题。进一步说,"道"如果是终极真理,那么它究竟存在于人心之外的客观世界还是存在于人心内在的主观世界中呢?

根据记载,阳明在经过一番"默坐澄心"之后,有一天深夜,他忽然大悟"格物致知"的旨意,终于彻悟了这样一个道理:"圣人之道,吾性自足。"也就是说,圣人之道就存在于我们每个人的内心当中,而且是具足圆满的。与此同时,阳明也幡然醒悟:以前所从事的求理于外物的认知努力,在为学工夫的方向上就完全错了。

有关"龙场悟道"的文献记载较为简略，内容看似并不充分，然而事实上，所谓"龙场悟道"的实质内容其实就是八个字，即"圣人之道，吾性自足"。换成今天的语言来说，这八个字的意思就是说，阳明最终悟出了成就理想人格的根据就在于"吾性"（实即"吾心"），而不在于书本知识或外在物理的追求、积累中，格物不是穷尽外物之理，而是在自己的身心上做工夫。这标志着，阳明从此开始摆脱程朱理学的影响，逐渐开辟出属于自己的思想天地。

这场大悟对于阳明心学思想的建立具有决定性的意义。从此，阳明逐渐提出了代表其哲学思想的标志性命题："心即理""知行合一""致良知"。事实上，"圣人之道，吾性自足"已经蕴含着"心即理"这一思想命题的内涵。所以说，如果没有这次"龙场悟道"，阳明心学也无法最终确立起来。

圣人是人人可以做到的

知天下之物本无可格者,其格物之功只在身心上做,决然以圣人为人人可到,便自有担当了。

(《传习录》下,三一八)

译文:

知天下事物本就无法用格物工夫穷尽,格物工夫只能在自己的身心上着手,决然以为圣人人人可以做到,便自然能有一种担当精神。

人除了吃饱喝足外,便会追问一些看似无用却很关键的问题,比如人为什么活着? 人生的目标是什么? 对诸如此类的问题,当代人可能会有各种各样的答案,但对古代中国特别是宋明时期的读书人、儒者来说,学做圣贤,无疑是他们共同的志向和目标,"圣人可学而至"成为那时读书人的基本共识。

王阳明在十二岁的时候,曾问他的私塾老师,读书是为了什么? 塾师答:"惟读书登第耳"——读书是为了中进士、做官。这是科举考试时代的一般答案。但阳明听了以后,却不以为然,他说:"登第恐未为第一等事,或读书学圣贤耳。"(《王阳明年谱》)这里的一问一答,反映出阳明少年就立有一个宏远志向:成就圣贤一般的理想人格。

在中国古代思想史上,儒家普遍相信,上古中国,在孔子之前,一共有七位圣人,即尧、舜、禹、汤、文、武、周公。而在孟子看来,孔子不但是尧、舜以来的继承者,更是"集大成"者,而且是"圣之时者"(《孟子·万章下》）、"人伦之至"（《孟子·离娄上》））者。在战国时期的孟子看来，孔子不仅是商周以来历史文化的集大成者，而且是与时俱进的最高道德楷模。

可见，孔子的"圣人化"，在孟子时代已初步形成。尽管在孔子生前，就有弟子说孔子是"天纵之将圣"，但孔子则予以否认（《论语·子罕》），孔子自己说："若圣与仁，则吾岂敢！"（《论语·述而》）

那么，十二岁的阳明"欲做圣贤"的那位圣人，是否就是先秦时代的尧、舜、孔子等诸位圣人呢？答案恐怕是否定的。

其实，在阳明心目中，所谓"圣人"主要指儒家的理想人格。这与北宋初年以来儒学复兴运动中提倡的"圣可学"（周敦颐语）、"圣人可学而至"（程颐语）的思想精神是一致的。

可以说，立志成圣乃是宋明新儒家的一句思想口号。在某种意义上，正如钱穆先生所言，宋明理学乃是一种希圣之学。自十一世纪以来，希圣之学，不知激励了多少年轻学子，阳明自然也是其中之一。

但随着十五六岁时格竹失败，从其"自委圣贤有分"到"益委圣贤有分"的感慨，可以看出，阳明认为圣贤自有定分，非一般人可学而至，对自己成圣的可能性产生了极大的疑惑。此后经过二十余年的思想历练，当他在三十七岁被贬官至贵州修文县龙场驿时,在那里经历了"动心忍性""百死千难"的人生磨炼,最终在思想上悟出了一个道理,即"决然以圣人为人人可到"。至此,阳明坚定了学做圣贤的自信、自觉。

做人比做学问更重要

纵格得草木来，如何反来诚得自家意？

（《传习录》下，三一七）

译文：
即便能够穷究草木的道理，又如何能反过来端正自己的意识（心）？

读书学做圣贤，无疑是宋明理学家的共识。但如何才能成为圣贤？自南宋以来，便有"道问学"与"尊德性"这两条为学进路之争。

朱熹与陆九渊均为南宋大儒，但两人在很多思想观点上却不断发生争吵，"道问学"与"尊德性"之争便是其中重要的一环。朱熹曾在给友人的书信中说道：自子思以来，儒家从事学问的道路主要在"尊德性"与"道问学"这两项工夫上着手，而陆九渊所做的工夫"专是尊德性事"，而我(朱熹自称)平时所讲的工夫则在"(道)问学上多了"；并说，陆氏的毛病是看书不仔细，常常"杜撰道理"，来掩盖学问上的缺失，而我虽在"义理上不敢乱说"，但在"为己为人上多不得力"。因此，从今往后我也应当自我反省，"去短集长，庶几不堕一边耳"。(《朱子文集》卷五十四《答项平父》)从这封信中可以看出，朱熹是在反省自己，意图消弭与陆氏之间的矛盾冲突，本意是好的。然而在陆九渊看来，却完全不是这么回事。

具体不知朱熹这封书信中的说法是如何传到陆九渊那里的，但对朱熹欲"去两短，合两长"的调停态度，陆氏以为断断不可，他反问道："既不知尊德性，焉有所谓道问学？"(《陆九渊集》卷三十四《语录上》)

很显然，陆九渊为学的立场是做道德内省的修养工夫("尊德性")为第一序，而追求外在事物知识的格物工夫("道问学")则是第二序的,两者之间的先后秩序是不容紊乱的。因此,在他看来,他与朱熹的矛盾是无法调和的。

本来,就人生的成才过程来看,"尊德性"不能永远第一,"道问学"也不能永远第二,两者应当是彼此交叉、互相联动才对。而陆九渊的担心是如果一味强调"道问学",有可能导致一生皓首穷经,而忘却了做人的道理,这样的后果对于强调伦理实践的儒家来说是非常可怕的。但朱熹则担心如果过于强调"尊德性",便有可能导致整天只会把道理说得天花乱坠,而对书本知识、外在事物的道理全然不顾,这样的结果对于强调"博学于文"的儒家来说同样也是令人担忧的。

因此,朱熹主张由知识成就德性,而陆九渊则主张由德性统领求知,这就开启了宋明理学中"理学"与"心学"的两大为学路径的争论。

王阳明的看法显然偏向于陆九渊,对朱熹将"尊德性"与"道问学"分作两事的观点颇为不满,他指出:"晦翁言子静以尊德性诲人,某教人岂不是道问学处多了些子",其实质就"是分尊德性、道问学作两件"。(《传习录》下,三二四)在阳明看来,朱熹不论在心与物还是在心与理的关系问题上,都不免犯了二元论的错误。同样,在"道问学"与"尊德性"的关系问题上,朱熹也犯了二元论的错误。

关于"道问学"与"尊德性"的关系问题,阳明的基本立场在于："道问学"不能脱离"尊德性"，所以"尊德性"才是根本之工夫。同时，阳明也承认"尊德性"不是"空空去尊"，仍然需要"问学"。但阳明所说的"问学"并不意味着"更与德性无关涉"的问学，而必须是在"存此心，不失其德性"的前提之下的问学。(《传习录》下，三二四)

于是，在经历过格竹失败、龙场悟道以后，阳明对朱熹的格物穷理说法提出了批评："纵格得草木来，如何反来诚得自家意？"在他看来，《大学》这部经典的核心不在"格物"，而在"诚意"。随着晚年"致良知教"的提出，由于良知是"意之本体"，故"诚意"工夫又须置于"致良知"工夫领域才能落实。而在阳明看来，"致良知"就是致吾心之良知于事事物物上。所以"致良知"工夫便可同时包含"尊德性"与"道问学"两项工夫。可见，阳明之所以说"尊德性"和"道问学"应当合一，其根据正在于他的"致良知"学说。

总起来看，阳明的"致良知"就是教人如何做好人，以此来统领做人和做学问的全过程。这也意味着，在阳明来看，做人比做好学问更重要、更关键。

心不是"一团血肉"

所谓汝心，亦不专是那一团血肉。若是那一团血肉，如今已死的人，那一团血肉还在，缘何不能视听言动？所谓汝心，却是那能视听言动的，这个便是性，便是天理。……这心之本体，原只是个天理，原无非礼，这个便是汝之真己。这个真己是躯壳的主宰。若无真己，便无躯壳。

（《传习录》中，一二二）

译文：

所谓你的心，也不专是那一团血肉之心。如果是那一团血肉之心，那么如今死去的人，那一团血肉之心还在，为何不能视听言动了？所谓你的心，却是那能视听言动的，这就是性，就是天理。……这个心的本体，原本只是天理，原本没有不符合礼的行为，这就是你真正的自己。这个真正的自己就是人的身体的主宰。如果没有这个真正的自己，就没有人的身体（人的生命也就不存在）。

一般而言，广义的宋明儒学，有程朱理学和陆王心学之分，而就阳明心学而言，"心"无疑是其思想的一个核心概念。所以要了解阳明心学的义理体系，首先遇到的问题是，在阳明这里，"心"究为何指？

　　回溯历史，在中国哲学史上，"心"这一概念出现甚早。在先秦文献中，例如《郭店楚墓竹简·性自命出》有"凡人虽有性，心无奠志"，孟子有"心之官则思"（《孟子·告子上》），荀子则有"心有征知"（《荀子·正名》）、"心知道"（《荀子·解蔽》）等说法，都表明"心"是一个表意词，盖指人心的意识、情感或知觉活动。阳明也说："心不是一块血肉，凡知觉处便是心，如耳目之知视听，手足之知痛痒，此知觉便是心也。"（《传习录》下，三二二）这是以知觉言心，接近古来就有的"心"之本义。

　　但在阳明这里，其所谓"心"更有其根本义，此即本体意义上的道德之本心或良心，而不是构成血肉躯体的那颗心脏之心，也不是只知痛知痒的感官、知觉之心。因此，阳明认为，从根本上说，所谓"心"，并不是视听言动的感官知觉本身，而是使得视听言动之所以成为可能的根据，这便是存在于人心之中的本性或天理。

阳明在"龙场悟道"之后，便提出了"心即理"这一最高哲学命题，所以他所说的心中之本性或天理，其实就等于"本心"。与此思路相似，在晚年提出"致良知"以后，阳明曾说过"能戒慎恐惧者，是良知也"（《传习录》下，三一七）。这是说，"戒慎恐惧"之所以成为可能的根据就是"良知"。不用说，在阳明这里，"本心"与"良知"乃是同义词。

更重要的是，在阳明看来，"本心"就是构成人的本质的性、理，又可称作"心之本体"，同时也是真正的自己（"真己"）。这个"真己"乃是人身的主宰，人的一切行动作为都须由这个"真己"来主宰。在这个意义上，可以说，人如果没有了这个"真己"，也就没有了生命。显然，阳明关于"心"的这个观点，构成了阳明心学思想的理论基础。

"心自然会知"

知是心之本体，心自然会知。见父自然知孝，见兄自然知弟，见孺子入井自然知恻隐。此便是良知，不假外求。

（《传习录》上，八）

译文：

　　知是心的本体，心自然会有知觉。看见父亲，自然知道孝顺；看见兄长，自然知道敬重；看见小孩掉入井中，自然知道同情不忍。这就是良知，无须从外面寻求。

上面说到，我们每一个人的本心便是自己的真正主宰，叫作"真己"。人之所以有生命，也完全依赖于这个"真己"。事实上，在阳明晚年提出"致良知教"以后，这个所谓的"真己"便成了良知的专用名词。另须注意的是，在阳明心学的词典中，还有一个专用名词经常出现，即"心之本体"。

一般而言，在宋明儒学中，"本体"一词含有三重涵义：一是指某种存在的本来状态、本来属性、本来面目；一是指"体用"范畴之下的存在于现象背后的本原性实体，涵指现象背后的原因或本质；还有一种特殊的用法，就是与工夫相对而言的本体，意思是指行为的根据。

此条中"知是心之本体"的"知"，根据下文"此便是良知"，显然是指"良知"。一般认为，阳明四十九岁时才明确提出"致良知"思想，明确提出"良知者心之本体"（《传习录》中，一五二）的命题，而《传习录》卷上只有两处出现"良知"概念（另一处见《传习录》上，一〇七）。然而，根据徐爱此处的记录，可以看出阳明对良知问题已经有了明确的意识。

更重要的是，依照阳明此处"心自然会知"的论述，可以确定这就是阳明晚年再三强调的"良知自知"思想。意思是说，良知作为一种根源性的道德意识，是每个人都具有的一种自己知道自己应该怎么做，以及关于是非对错的判断能力。所以，只需完全信赖、依靠自己良知的自知能力即可。可见，"良知自知"作为阳明良知学的基本要义，是他在"龙场悟道"之后不久便悟出的一个道理，只是良知理论的完成则要到他四十九岁之后。

"心自然会知"或者说"良知自知"，在阳明看来，其道理就是我们每一个人为什么见父自然知道尽孝，见兄自然知道敬重，见小孩掉入井中自然会有恻隐之心发动，然后知道援之以手，所有这一切"知孝""知弟""知恻隐"的所以然之根据，就是人人心中的良知。这样的良知是我们每一个人天生就有的，根本无须从外面假借。

当阳明提出"良知是心之本体"之时，意思是说，良知构成了心的本质。此处所谓"本体"概念的意思就是现象存在之原因或本质。阳明认为，人心有知觉活动，也有情感因素，这一点不可否认，然而更重要的是，导致这些知觉活动或情感活动之所以可能的根据、原因则另有所在，那便是"性"或"天理"。而按照阳明"致良知教"的说法，也就是良知。

　　在这个意义上，阳明提出了"良知是心之本体"这一重要的心学命题。阳明是要告诉我们，良知是一种知善知恶的道德本心，是每一个人天生具有的，而不是有赖于后天的知识学习。简言之，人为什么能知善而为、迁善改过，自觉地过一种有道德的生活，根本的原因就在于我们每个人心中都有这样一个作为本体的良知的存在。

心就好比是光明的天

人心是天渊。

(《传习录》下,二二二)

心即天。

(《王阳明全集》卷六《答季明德·丙戌》)

吾心自有光明月,千古团圆永无缺。

(《王阳明全集》卷二十《中秋》)

译文:

人心是天和渊。

心就是天。

我的心中本来就有良知这一光明之月,千古团圆,永无欠缺。

我们知道,"天渊"一词取自《中庸》"溥博如天,渊泉如渊"这句话。阳明在此采用的是比喻的手法,他把"心"比作"天渊",意思是"心"如"天"那样广阔,如"渊"那样深沉。

当然,在儒学史上,"天"除了自然之天或苍苍之天外,另有特殊的涵义,当孟子说"尽其心""知其性""知天","存其心,养其性""事天"(《孟子·尽心上》)时,这个"天"已不是自然的天,而是指至高无上的绝对存在。而宋明理学家们讲"天理",也是在强调"理"不是某种特定事物的特性或条理,而是超越的、抽象的一般法则。因此,有必要将"天"与"理"合而言之。

从这个角度看,阳明以"天"言"心",其目的也是非常明显的,就是要表明:心体如同天理一样,也具有普遍的、超越的、绝对的意义。

为了强调这层意思,阳明又列举了"比如面前见天"的例子,来做进一步的阐发。比如说,就像展现在我们面前的天空,充满一片光明,而这片光明并不局限在我们的面前,天地上下、东西南北,无不充满着这片光明。当我们看不见它的时候,原因只是我们的视线受到了周围房屋的阻碍,而不能说自己目力所及的天是光明的天,而看不见的天却是昏暗的天。通过这段比喻,阳明指出"天之本体"本来就是完完全全的一个整体,"障碍窒塞"固能一时阻挡天的光芒,然而"光明"作为天的本体,并不会因此而消亡。

同样,"心之本体"亦复如是。人心固然会受"私欲窒塞",但就心的本体状态而言,其良知却未尝会有片刻的消失。这就意味着良知能够时刻保持警觉,自觉地审视人心中的任何私欲,从而痛加克治的工夫。而人心私欲一旦被消除,就好比遮蔽太阳光芒的"房子墙壁"被撤除一般,"心"如"天"一样,就能恢复其本来的光芒。

因此,在正德十六年(1521)中秋,虽然当夜阴云密布,天上一轮明月不得见,但阳明作了一首哲理诗《中秋》,以咏叹自家的无尽藏——"良知"，其中有"吾心自有光明月，千古团圆永无缺"句，高调赞扬每个人心中的"光明月"——"良知"；嘉靖三年(1524)中秋，月色如昼，阳明与诸弟子在天泉桥设宴赏月，阳明即兴而作《月夜二首》，与诸生歌于天泉桥，其中有"肯信良知原不昧，从他外物岂能撄"句，最能代表他对良知真实完满的信心和确认。

可见，阳明强调人心是具有普遍意义的，它不受任何时空条件的限制。"心"就好比是光明的天，它能普照万物，而又不为万物所累。这也是"心即天"命题的意蕴所在。而自"致良知教"提出后，"心之本体"也即"良知"如天上的光明月一样，是没有阴晴圆缺的，千古以来都是团团圆圆的。

天下哪有心外之理？

> 夫物理不外于吾心，外吾心而求物理，无物理矣。

（《传习录》中，一三三）

译文：
　　事物之理不在我心之外，离开我心去探求事物之理，就不会有事物之理的存在。

以上我们提到阳明十分强调"心"的普遍义、绝对义，初步了解到阳明的一个重要思路，即在阳明看来，天、性、理等宋明理学的核心概念都可以从"心之本体"的角度来讲，所以，阳明有"心即天""心即性""良知者心之本体"等命题。顺着这一思路，阳明提出"心即理"的命题，也就是顺理成章的事了。

但为了证明"心即理"这一命题，阳明往往从另一个角度——或者说从一个反命题——"心外无理"来展开论说。所谓"天下哪有心外之理"这句强烈的反问句，其实蕴含着这样一个肯定性的命题：理在心中，心就是理。

一般而言，理作为事物存在的所以然之故或人事行为的所当然之则，它具有普遍性、客观性。也就是说，理的存在并不依赖于主观的人心的存在而存在。好比山川、河流、草木，自有其作为山川、河流、草木之存在的理由，并不因为人心的存在与否，而决定它们的存在或消亡。如果说理在心中，心就是理，那么就等于说，草木之理不存在于草木，而存在于人心之中，而且草木之理就是心中之理。按照一般常识经验来看，这个说法显得很荒唐，也很难以理解。

徐爱就曾向阳明提出了这样一个尖锐的问题，这个问题涉及如何理解心与理的关系问题。徐爱问道："如果只从心的角度去追求把握'至善'，未免会忽略对于天底下各种各样的事理的讲求。"其实,在这个问题的背后,徐爱是想说:理是外在于人心的、客观的、普遍的存在,不以人心为转移,天底下存在着各种各样的、客观的事物之理,所以如果说只从内心出发去追求实现"止于至善",恐怕就会遗落各种外在的客观事物之理。无疑,徐爱的这一提问是针对阳明"心即理"这一命题而发的,而其立场显然与程、朱的"一草一木皆涵至理"的观点相近。

对于徐爱的这一质问,阳明的回答很干脆:"天下根本没有心外之事、心外之理。"一句话就做了回答,但并未展开论述。这句话的字面意思不难理解,但其背后的深意究竟何在呢?

一言以蔽之,阳明认为,任何事物之理都与人心相关,都不能脱离人心的存在而存在。因为,既然涉及事,就离不开人,事总是与人的行为参与有关,所以事所内含的理,同样也与人的主体存在有关。否则,事理对于人而言,就没有价值和意义。

例如,阳明经常列举这样的事例来说明这一点:就好比事亲讲求的孝之理、事君讲求的忠之理,只能存在于事亲、事君的主体者身上,而不能存在于行为对象的亲或君的身上。很显然,阳明的这一观点并不是从可以感观、可以知觉的物理世界出发,而是从主体存在的人与客体存在的事物之间的关系出发来展开论述的。

由此出发,阳明经常强调:"夫物理不外于吾心"(《传习录》中,一三三),"此心在物则为理"(《传习录》下,三二一),反对"在物为理"(程颐语)的固有说法。

"心即理"是我立言宗旨

我说个心即理，要使知心理是一个，便来心上做工夫，不去袭义于外，便是王道之真。此我立言宗旨。

（《传习录》下，三二一）

且如事父，不成去父上求个孝的理；事君，不成去君上求个忠的理；交友、治民，不成去友上、民上求个信与仁的理。都只在此心，心即理也。

（《传习录》上，三）

译文：

我提出心就是理，是要使得人们知道心与理是一个，于是就在心上做工夫，而不用到外面去寻求行为的道理，这才是真正的王道。这是我的立言宗旨。

比如孝敬父亲，不会到父亲身上寻找孝的道理；事奉君主，不会到君主身上寻找忠的道理；结交朋友，治理百姓，不会到朋友的身上、百姓的身上去寻找诚信与仁爱的道理。这些道理都只在此心中，人心就是天理。

在宋明理学史上,心与理的关系问题是困扰许多儒者的重要哲学问题之一。大体而言,程朱理学主张"性即理",反对"心即理",其根本原因在于:以程朱理学的立场来看,心只不过是人心的一种知觉意识,常常处在流动变化中,不稳定,很容易陷入误区、偏于自私,因此需要有"性"或"理"为其确定价值和道德上的正确方向。

　　王阳明早年深信程朱理学的即物穷理说,甚至在自家庭院,面对竹子,静坐体验,企图悟出竹子的道理,结果积劳成疾,此后虽然仍不断按照朱熹的说法做格物工夫,却不得其法,以至于对自己学做圣贤的禀赋、资质产生了怀疑。最终在三十七岁"龙场悟道"之际明白了这样一个道理:圣人之道即在吾心,向来就外物以穷格物理的行为方向就已经错了。因为这是将心与理看作两截,最后导致心、理分裂,始终不能合一。

　　阳明在龙场终于悟出了"心即理"的道理,成为其哲学的第一命题。在阳明看来,人心虽然有知觉意识的一面,但是人心知觉的根本作用和功能却是道德知觉,而人的本心就是先天道德原则。阳明常用"心之木体"这一概念,用来特指道德意义上的本心,这样的"本心"是绝对至善的,因此可以说"心之本体"就是性,就是理。也就是说,在阳明看来,心与性、理同样属于本体层面的存在。

然而,当阳明的弟子们初闻他的"心即理"说时,不免心生疑惑,总会有不少疑问。一般而言,理是一种外在于人心的普遍客观存在,比如说房子有房子之理,桌子有桌子之理,车子有车子之理,为什么说这样的理与主观的人心可以直接等同呢?面对这类问题,阳明喜欢以事父、事君、交友、治民为例来加以说明。

他说:比方说对待父亲要讲究孝,这个孝的原则到底是存在于父亲的身上,还是存在于行孝者的身上呢?又比方说侍奉君主要讲究忠,这个忠的原则到底是存在于君主的身上,还是存在于臣子的身上呢?

交友、治民也是同样的道理，交友讲究的信与治民讲究的仁，到底是存在于行为对象的身上，还是存在于行为者的身上呢？答案是不言自明的。孝、忠、信、仁，这些道德原则只能存在于行为者的心里，而不能说存在于行为对象的身上。

由此得出的结论自然就是："都只在此心，心即理也。"这里的"理"无疑是专指属于人的道德原则，而不是外在于人的客观事物的具体之理，在阳明看来，关于人事的道德原则存在于行为者的心中，"发之事父便是孝，发之事君便是忠，发之交友、治民便是信与仁"（《传习录》上，三）。

可见，阳明所说的"心即理"是一个属于道德哲学领域内的命题。具体来说就是，从道德行为的角度看，道德原则存在于道德主体身上，而并不存在于外在的对象物身上，这是阳明再三强调"心即理"命题的一个基本思路。在这个思路当中，阳明肯定了至善的道德原理及其原则就在心中。

"物即事"

意之所用，必有其物，物即事也。

（《传习录》中，一三七）

译文：

　　意识的发用，必有意识所指向的物，这个物就是事。

我们知道在儒家的重要经典《大学》中有"格物"一说。历史上,对"格物"问题的探讨,可谓是众说纷纭、莫衷一是。晚明儒者刘宗周曾说,有关"格物"的解释竟有七十二家之多。这一统计数字可能并不准确,但也说明"格物"问题确实是宋明以来的一大问题。

引人注意的是,争论的焦点集中在"格物"的"格"字,而非"物"字。就"物"字而言,自从东汉经学家郑玄释"物犹事也"以来,不论是朱熹(可参《大学章句》)还是阳明,他们都大致认同"物犹事也"的诠释。

只是阳明之所以将"物"解释为"事",自有其独特的观点立场,而与朱熹不尽相同。

以前曾听到学界有一种议论,认为中国人"物""事"不分,将"物"消解于"事"之中,因而缺乏对外在客观事物的探索精神,导致自然科学的理论发展得很不够。这个说法可能并不准确。

的确,"物""事"不分,是自郑玄诠释《大学》"格物"以来的主流观点,但是中国人从来没有因为儒家的这一经典解释,导致对自然科学研究缺乏兴趣,问题还是与从怎样的角度来审视中国历史上科学思想的独特发展有关。至于中国自然科学思想是否果真不发达,这是另一层面的问题,此不赘述。

就阳明而言，毋宁说，"物即事"这一解释立场关涉其整个心学理论如何确立。

可以从下面两点来说：第一，正是由于"物即事"，所以"物"须从心上说，这是因为"事"离不开人，也就离不开心；第二，正是由于"事"须从心上说，所以结论就是"心外无事""心外无理"，由此"心即理"才能成立。

反过来说，如果"物"与"事"无关，也就与人无关、与心无关。那么，物之理就成了外在于人心的存在，如此就只能说"在物为理"，而不能说"此心在物为理"。这就从根本上违反了阳明心学的第一原理"心即理"。

之所以以"事"解"物"，阳明给出的理由是"意之所用，必有其物，物即事也"。对这一说法，阳明举例做了进一步解释：比如我们的意识活动指向"事亲"，即"事亲"这一行为就是"一物"；意识指向"治民"，即"治民"这一行为就是"一物"；意识指向"读书"，即"读书"这一行为就是"一物"；意识指向"听讼"，即"听讼"就是"一物"。结论就是"凡意之所用，无有无物者。有是意，即有是物；无是意，即无是物矣。物非意之用乎？"可见，阳明在此所强调的"物"并非外在的客观之物，而是指人的意识活动所指向的事件之物。

这是说，正是由于"物"为"意"之所用，而"意"指意识、意向活动，所以"物"就构成意识活动的一种"事"——活动事件。可见"物即事"是在"意""必着事物"（《传习录》下，二〇一）的前提才能成立。阳明对"物"的这一重新解释，意味着他解决了格物问题对他一直以来的困扰。

在阳明看来，我们从事任何一项活动，总是有意识活动参与的，反过来说也一样，我们的意识总是指向具体的活动。如果没有人的意识，就没有人的活动，也就没有具体的事物。"事亲""治民""读书""听讼"等不同层面、不同领域的行为，无不与人的意识活动有关。由此，"事亲""治民""读书""听讼"等就构成了阳明所说的具体的事物。

本心之外，无物亦无善

心外无物，心外无事，心外无理，心外无义，心外无善。

（《王阳明全集》卷四《与王纯甫·癸酉》）

译文：

心外不存在物，心外不存在事，心外不存在理，心外不存在义，心外不存在善。

一般地讲，任何一种哲学，其基本要义总是由核心命题或与此相关的一系列概念命题所组成。如果说程朱理学的基本命题是"性即理"，那么我们可以说，阳明哲学的第一命题则是"心即理"。

　　其实，这一命题还有另一种表述形式，即"心外无理""心外无物"这类否定句式的命题，而否定句式所蕴含的意味却比"心即理"这一肯定句式更为强烈。

　　事实上，在"心外无……"这一句式的省略号当中可以填充进其他各种语项，比如可以说出一连串的"心外无事""心外无学""心外无义""心外无善"，等等，当然其最终旨归仍然指向"心即理"。

　　正德八年（1513），阳明在给王道（字纯甫）的一封书信中有一段话，对于我们了解"心外无……"这一特定的否定句式很有启发意义。王道"以为事事物物各有至善，必须从事事物物求个至善"，也就是徐爱"至善只求诸心，恐于天下事理有不能尽"（《传习录》上，三）的观点。

对此,阳明不答以"心即理",却答以"心外无物,心外无事,心外无理,心外无义,心外无善"这一连串否定性命题,给人以一种非常强烈的观念冲击,显然阳明是要从根本上来扭转世人的一种常识性观念:"物""事""理""义""善"等都是与人的主体存在无关的客观实在。

　　尽管"义""善"这类价值规范观念与主体行为有关,然而如果从一般的常识经验来看,"物""事""理"等无一不是客观的、普遍的存在,而与人的主观的心体活动无关。

　　现在阳明却要作兜底式的翻转,强调无论是价值概念还是事实概念,都与人的心体存在密切相关。这是因为作为事实存在的"物""事""理"的价值和意义得以呈现,仍然离不开人的主体意识的参与。

南镇观花

先生游南镇，一友指岩中花树问曰："天下无心外之物，如此花树，在深山中自开自落，于我心亦何相关？"

先生曰："你未看此花时，此花与汝心同归于寂。你来看此花时，则此花颜色一时明白起来。便知此花不在你的心外。"

（《传习录》下，二七五）

译文：

先生（阳明）和友人游南镇。一位友人手指岩石中的花树问道："天下无心外之物，像这棵花树，在深山中自开自落，与我的心又有什么关联？"

先生说："你未看见此花时，此花与你的心一同归于寂然不动之世界。你来看此花时，则此花的颜色与你的心一起明亮起来。由此可知，此花不在你的心外。"

我们先来看这则故事，细细领会阳明所说的"心外无物"的意思。

一天，阳明与友人游览南镇，友人了解到阳明曾有"天下无心外之物"的观点，于是，便手指山上岩石中的一棵花树问道："这棵花树在深山中自会开花、自会凋谢，与我们人心又有什么关联？"

言外之意是说：物在心外，而不能说心外无物。

诚然，若就单纯的物理世界而言，的确有客观存在的事物，这是不以主观的人心为转移的，犹如深山中的花树随着季节的不同，自然会自己开花结果或者凋零残落，与个体的人心毫无干系。对此，阳明也不会加以否认。

但是，阳明会说，我们讨论问题的角度是不同的，所以结论也就不同。

阳明指出，作为客观存在的现象（花的颜色）与作为主体存在的行为（看花），一旦互相发生作用，花的存在便在心中得以显现（寂趋于感）。而在相反的情况下，则花与心同时归于隐而不显的状态（感趋于寂）。

无论是哪一种情况，此心与此花或同时归于"寂"，或同时趋于"感"。也就是说，心与物是彼此相即的关系。离开了主体存在（心），客观存在（物）对人来说，是没有意义的。

可见，阳明强调的是，花的"颜色"存在与否，必须在"看"的行为中——即在花与我的行为的关系中才能得到呈现和确立。

总而言之，对于阳明来说，外在的物理世界是否客观存在，不是他关心的理论问题，他所关心的核心问题是"外心以求理"（《传习录》中，一三三）将会导致为学方向的根本错误。

至于物是否客观存在（如同"此花"的颜色如何），则必须落实在"此心"的行为过程中才能判明。正是在此意义上，阳明强调若无"此心"的参与，物之理便无法呈现其意义。

极端而言，离开了心，物之理便不存在。换言之，若无"此心"，则"在物为理"便不成立。

也就是说，心与物或心与理既是一种关系结构，同时也是一种意义结构。可以说，阳明心学的重要命题——"心外无物""心外无理"，就是在揭示这个世界是一个意义世界。

当然，在阳明这里，所谓"理"并不是特指所谓的客观物理世界中规律意义上的"物理"，犹如造飞机有造飞机之理那样。根据他的理解，物是意之"所在""所向""所着"（详见前述），而意又是心之"所发"。归根结底，"物"是心之物，是人心意识所指向的活动事件。

因此，阳明所理解的理便主要是属于人的意义世界之理，具有实践的、人文的意味,是人心意识活动所指向的对象。由这样的视野来看,此物之理,不是外在于心的存在。相反,有此心才有此物,有此心才有此物之理。这就是阳明强调"心外无理""心即理"的真实意涵之所在。

身心意知物，只是一件

身之主宰便是心，心之所发便是意，意之本体便是知，意之所在便是物。

(《传习录》上，六)

译文：

身体的主宰就是心，心的发动就是意，意的本体就是良知，意的所在就是物。

阳明"物即事"命题，若结合《大学》文本中心、意、知、物而言，就是：心是身之主宰，而心之发动是意，意之本体是良知，意之所在（即所向）是物。

说得通俗一点，也就是，心、意、知、物是彼此关联的存在，而人的意识活动构成了心、知、物的枢纽，没有了人的意识活动，则心、知、物就不成系统。重要的是，主导意识活动的乃是良知。所以，归根结底，良知又是贯穿心、意、知、物的根本存在。显然，阳明的这套思路与其"致良知"学说密切相关。关于这一点，我们后面再说。

晚年阳明在回答"物在外，如何与身、心、意、知是一件"的问题时，非常明确地指出："指其充塞处言之谓之身，指其主宰处言之谓之心，指心之发动处谓之意，指意之灵明处谓之知，指意之涉着处谓之物：只是一件。意未有悬空的，必着事物。"（《传习录》下，二〇一）这里的叙述角度有微妙变化，然而很重要。

阳明首先否定了"物在外"的说法，强

调指出"意之涉着处谓之物",意思是说"意之所在便是物"。而所谓"只是一件",是将心、意、知、物贯穿起来,彼此构成环环相扣、密不可分的整体关系。最后阳明强调,人的意识活动绝非是悬空的存在,它必然指向事物。

而在其遗著《大学问》中,阳明对心、意、知、物有一个总结性的阐发,他指出"即其意之所在之物"而为善,"即其意之所在之物"而去恶,"然后物无不格,而吾良知之

所知者,无有亏缺障蔽,而得以极其至矣"。(《王阳明全集》卷二十六《大学问》)可见,在阳明看来,格物也好,致知也好,都必须就"其意之所在之物"落实去做。做什么呢? 一句话,就是做"为善去恶"的道德实践工夫。

最终能达到"物无不格""良知之所知者,无有亏缺障蔽"的境界,也就是成就了儒家所追求的道德理想人格。

身心"合一"

何谓身？心之形体，运用之谓也。何谓心？身之灵明，主宰之谓也。

（《王阳明全集》卷二十六《大学问》）

译文：

什么叫作身？身是指承载心的躯体，心灵活动的场所。什么叫作心？心是指身体的灵明，身体的主宰。

日本学者汤浅泰雄曾对东方（主要指东亚，亦含印度）身心观有新颖独特的考察，指出与近代西方哲学传统将身心看作二元对立的观点不同，东方身心观的特质在于主张"身心一元""身心一如"（《身体论——东洋的身心论与现代》）。

的确，在身心问题上，西方哲学常用肉体与灵魂、身体与心灵这对二元存在来展开探讨，若用古代中国的学术用语来说，亦即形与神。但在中国，正如司马谈《论六家要旨》谈到道家形神观时所指出的那样："形神离则死。……神者生之本也，形者生之具也。"早在先秦道家那里，已初步揭示了形神不离的观点。

就儒家经典而言，《大学》所说的修身与正心，正包含了身心问题。只是儒家所说的修身，并不意味着肉体意义上的身体锻炼，而主要是指道德修养。也正由此，所以儒家的修身所指向的不是延年祛病、长生不老，而是以"集义"这一道德修养的不断积累为其前提的。但儒家也承认，身体是构成心灵意识的材质要素。

由此，身心是一整体系统，这也是历代儒家所认同的。如北宋邵雍曾说"心为性之轮廓，身为心之区宇"，便是对身心关系问题所下的一个定义。

就阳明心学而言，心的存在显然具有重要地位。在这个意义上，阳明也认同"心是身之主宰"这一儒家的传统见解。

然而在阳明，尽管心是身体的主宰，没有心则身体的运作如同禽兽一般，就会因失去正确的方向而变得毫无价值和意义。但同样重要的是，如果没有身体作为心灵发用的承载体，那么，心的活动也就无法实现。

因此阳明强调"无心则无身，无身则无心"（《传习录》下，二〇一），辩证地指明身心乃是彼此相即、互不分离的整体关系。在阳明看来，身心整体构成了一个有意义的结构。具体而言，心灵是意义，而身体则是结构。心的本身是无形的，心的意义须由身的运用才能得以展现。可见，心学理论并非只讲心，而不讲身。身心一元正是在心学家们所强调的一个重要观点。

良知是"从百死千难中得来"

　　某于良知之说，从百死千难中得来，非是容易见得到此。

（《王阳明全集》卷四十一钱德洪《刻文录叙说》）

译文：

　　我的良知说，是历经无数的磨难而得来的，不是容易发现的。

据阳明的自我介绍,他的"良知"两字绝非是在书斋中玄思冥想得来,而是在生活中经历了"百死千难"的磨难之后才最终体悟出来的。

所谓"百死千难",主要是指阳明的三次人生磨难:一是正德元年(1506),因上疏而得罪宦官刘瑾,遭到廷杖的莫大侮辱;二是正德三年(1508),被贬至贵州龙场驿的三年苦难经历;三是正德十五年(1520),在江西平定朱宸濠叛乱之后,却反遭内宦权贵构陷的磨难经历。

最终于正德十五年(1520)(一说在正德十六年)阳明提出了"致良知"学说,标志着阳明心学理论的最终确立。所以,今人如牟宗三又称阳明心学为"致良知教",这是不无道理的。

不过,据阳明的回忆,自"龙场悟道"以后,他的思想已不出"良知"二字,只是没有在文字上点此二字,因此花费了许多言说。

根据正德八年(1513),阳明高足徐爱的记录,阳明已明确说道:"知是心之本体,心自然会知。……此便是良知。"(《传习录》上,八)很显然,自龙场之后,阳明已开始自觉使用"良知"概念。当然,"致良知"作为一种理论学说,正式提出大概是在正德十五年(1520)以后。

人们常说,时势造英雄。乱世出思想,这也是规律。阳明生活的正德、嘉靖年间若是太平盛世,而非政治昏暗,我想阳明的思想大概会缺乏现实批判精神。

孟子说过一段著名的话:"天将降大任于是人也,必先苦其心志,劳其筋骨,饿其体肤,空乏其身,行拂乱其所为,所以动心忍性,曾(增)益其所不能。"(《孟子·告子下》)阳明是否意识到自己将有天下之大任需要承担,这一点我们不能确定,但其人生"百死千难"的经历,难道不正是"苦其心志,劳其筋骨,饿其体肤,空乏其身""动心忍性"的真实写照吗?况且他自己也承认:龙场磨难"最是动心忍性、砥砺切磋之地"(《王阳明全集》卷四《寄希渊·己卯》)。

由此看来,人生遇到困难挫折并不可怕,不向困难挫折低头,在磨难中不断探索问题、提炼思想,才是应有的人生态度。

良知就是"自家准则"

尔那一点良知，是尔自家底准则。尔意念着处，他是便知是，非便知非，更瞒他一些不得。尔只不要欺他，实实落落依着他做去，善便存，恶便去。

（《传习录》下，二〇六）

译文：

你的那一点良知，是你自己的准则。你的意念所着处，良知判断为是则是，判断为非则非，你的意念更是一点也不能欺瞒他。你只要不欺瞒他，实实在在地依着他去做，善就可以存养，恶就可以去除。

虽然说阳明心学就是"致良知教",然而"良知"概念本身却非阳明发明,而是孟子既已提出的概念,阳明与孟子之间显然有着思想理路上的联系,当然更有理论观念上的发展。

《孟子》一书明确说到"良知"的只有一处:"人之所不学而能者,其良能也;所不虑而知者,其良知也。"(《尽心上》)另外,《孟子》多处说到"是非之心",并用它来定义"智",认为是"智之端",并指出"是非之心,人皆有之"(《告子上》)。

而按照阳明的判断,良知就是孟子所说的"是非之心,智也"(《告子上》),他把《孟子》原文的"智"改为"知",认为两者是相通的。在阳明看来,良知无非就是判断是非的准则。在这个意义上,良知又是孟子所说的"良心"。

不论良知还是良心,在孟子那里,都是先天存在,而不是通过后天的"学习""思虑"得来的,这一点也为阳明所继承。阳明说:"是非之心,不虑而知,不学而能,所谓

良知也。"(《传习录》中,一七九)

更重要的是,每个人都有的这颗是非之心,就是你那一点良知,而且"是尔自家底准则",它存在于每个人心中,世间一切是非善恶都"瞒他一些不得",所以只要"实实落落依着他做去",便可真正做到为善去恶。由此出发,阳明得出的结论就是良知即"心之本体",良知即心体。

可见,阳明的这一思想将孟子的"良知"观念提升到了本体论的高度,与阳明的思想命题"心即理"建立了理论联系。换言之,良知为"心即理"命题得以成立提供了依据,因为良知既是心体,又是天理,这就意味着道德法则与道德主体具有内在统一性。

总之,作为"尔自家底准则"的良知,既然是"不学而能""不虑而知"的,那也就是先天的、内在的。相应地,人的行为所依据的规章制度、礼仪规范则是后天的、外在的。如此一来,不是人心良知听命于外在的规章制度、礼仪规范,而是外在的规章制度、礼仪规范只有纳入人心良知的判断，才具有相应的意义。所以说，"自家准则"乃是良知的基本义。

良知自知、良知自觉

良知发用之思，自然明白简易，良知亦自能知得。若是私意安排之思，自是纷纭劳扰，良知亦自会分别得。盖思之是非邪正，良知无有不自知者。

（《传习录》中，一六九）

译文：

　　良知发用的思虑，自然是明白简易的，良知亦自能理解。如果是私意安排的思虑，自然是纷纭烦扰，良知亦自能辨别。思虑的是非邪正，良知是没有不自知的。

我们在上面曾引用过阳明的这段话："知是心之本体，心自然会知。……此便是良知。"(《传习录》上，八)这里的"自然会知"，意思就是"良知自知"。而所谓"自知"，无非是说，良知具有自我判断的能力。

应当说，阳明在对孟子的良知学说所作的理论发挥过程中，非常强调良知的自知义和自觉义，而良知自知或良知自觉，构成了阳明良知学的基本特质之一。在某种意义上，我们可以将阳明的良知学称为良知自知理论。

那么，良知何以"自知"呢？阳明认为，这是由于"吾心之本体"是"自然灵昭明觉"的，自知的依据就在于"虚灵明觉"。换言之，正是由于良知是"虚灵明觉"的，所以良知"无有不自知"。凡是"意念之发"，也就是意念一旦发动起来，良知随之启动而进行监控督察，马上就会觉察意念的善与不善。(《王阳明全集》卷二十六《大学问》;《传习录》上，一三七)

那么，如何保证良知自知的方向是永

远正确的呢？为什么说良知自知便可觉察念头的善与不善？在阳明这里，是因为良知即"吾心之本体"，而"吾心之本体"就是"天命之性"，而"天命之性"则是无有不善的。可见，良知之所以能判断是非善恶，就在于良知本身是一绝对至善的价值存在，它的道德判断力就建立在至善的价值准则之上。良知自知理论意味着，只要能使我们的意识与行为都循着其良知，便可以为善去恶。

此外，良知自知、良知自觉的"自"字除了自能、自会的涵义以外，还有自然义。所以阳明又用"天理自然"或"明觉自然"来界定良知存在的特质。这一界定告诉我们，良知判断是非的能力以及推动实践的动力，都不是"以私意去安排思索出来"（《传习录》中，一四五），而是"皆出乎其心体之自然"。这是因为是"出乎心体，非有所为而为之者"，所以是"自然之谓也"。（《王阳明全集》卷五《答舒国用·癸未》）

可见，良知的自然义是排斥人为意识

的强制,强调良知因其自然,故能自知。若非自然,无由自知,这层涵义对阳明良知学而言,也是十分重要的。

自家痛痒自家知

无事时固是独知，有事时亦是独知。……
此独知处便是诚的萌芽。此处不论善念恶念，
更无虚假，一是百是，一错百错。

（《传习录》中，一二〇）

良知即是独知时，此知之外更无知。谁人
不有良知在，知得良知却是谁？

知得良知却是谁，自家痛痒自家知。若将
痛痒从人问，痛痒何须更问为！

（《王阳明全集》卷二十《答人问良知二首》）

上一条所说的良知自知、良知自觉，又与良知独知理论有关。

何谓"独知"？"独知"二字源自儒家经典《大学》"故君子必慎其独也"和《中庸》"故君子慎其独也"这两句话。

朱熹对这两个"独"字，均解释为："独者，人所不知而己所独知之地也"，首次提出了"独知"概念。阳明对此亦表赞同，但他却以"独知"来诠释良知，显示出阳明的独到之处。阳明指出："所谓'人虽不知而己所独知'者，此正是吾心良知处。"（《传习录》下，三一七）

注释：

独知：他人莫知而只有自己知道。

译文：

无事之时，良知固然只有自己知道；有事之时，良知也是只有自己知道。……这种只有自己知道的地方就是诚的萌芽。这种只有自己知道的地方，不论善念恶念，更没有虚假，一是百是，一错百错。

良知就是只有自己知道之时，在此良知之外更无其他的知。人人都有这个良知，这个良知到底是谁？

这个良知到底是谁，自己的痛痒只有自己知道。如果向别人问痛痒是什么，由于自己的痛痒只有自己知道，所以更无必要向他人询问什么是痛痒。

具体而言,"独知"是指每个人所独自占有的内心世界、心理活动。当一人独处时,其心理活动是不为他人所知的,而只有自己知道。人们应该如何在这种"幽暗之中""细微之事"(朱熹语)的环境中,立即察识一念之发的是非善恶,然后谨慎其事,就是有赖于"独知"在此时此地所起的关键作用。

在阳明看来,不论善恶的行为或念头是如何隐蔽而不为他人所知,它们都必然曝光在"独知"的面前。而且不论是"无事时"的一人独居,还是在"有事时"的应酬活动,"独知"随时随地,都将起着监督审察的作用。这样一来,仅指内心活动的"独知"内涵就被充实扩大,不再是单纯的内心世界的心理活动或认知活动,而是被提升为道德判断的原则。

总之,阳明指出良知具有"独"的性格,目的是强调良知是内在于每个人心中的、"他人总难与力"(《传习录》中,一四四)的"自家准则"。正是在这个意义上,所以说"自家痛痒自家知", 就好比是说良知是独立自主的。

当然, 所谓知痛痒的"知", 指的只是人的感官知觉, 只是在类比意义上, 强调良知"独知"的"知", 突出了良知是一种内在的关于道德是非对错的判断能力。

因此, 外在的礼仪规范都须经由内在的、独立的良知加以审视之后, 才能确立其道德价值上的正确意义, 这就极大地提升了良知"自作主宰"的地位。

良知就是明师

良知原是完完全全，是的还他是，非的还他非，是非只依着他，更无有不是处。这良知还是你的明师。

（《传习录》下，二六五）

良知犹主人翁。……良知昏迷，众欲乱行。良知精明，众欲消化，亦犹是也。

（《传习录拾遗》，二）

无声无臭独知时，此是乾坤万有基。抛却自家无尽藏，沿门持钵效贫儿。

（《王阳明全集》卷二十《咏良知四首示诸生》）

关于良知独知理论，我们还要重申一点，在阳明那里，良知就好比是法庭上的"法官"，良知独知就好像是"法官"审理案件的独立意志，任何他人不能加以干预。

这个"法官"的力量很大、权力范围很广，不论一个人在有事时还是在无事时，良知独知都在发挥着监督审察的作用。一个人的念头是善是恶、是虚伪还是诚实、是体现正义还是追逐私利，等等，都将在良知独知这一"法官"的审视之下露出原形。

注释：

　　无声无臭：出自《诗经·大雅·文王》"上天之载，无声无臭"，意思是没有声音，没有气味。

译文：

　　良知原是完完全全的，是的便还它是，错的便还它错，是非只要依着它，就没有不恰当的。这良知还是你的明师。

　　良知就像主人翁一样。……良知昏失的时候，许多欲望就会胡乱行动起来。良知精明的时候，众多欲望就会消散，也就是这个道理。

　　没有声音，没有气味，便是良知独知的时候，这是乾坤和万物得以形成的基础。抛弃良知这个自家的无尽宝藏，却效仿贫穷人家的孩子沿门乞讨。

此外，在阳明看来，良知也是我们每个人的"明师"。这是因为，良知即是性，即是道，良知是圆满具足、无有亏欠的，是关于是非善恶的判断力。也就是说，人世间的是非善恶都逃不过良知的审察和评判。因此说，良知就如主人翁一般。只要良知是清醒的，那么私欲便无法藏身。

在此，值得注意的是，良知独知既与良知自知、良知自觉有相通的一面，同时又有其自身独特的一面。

良知独知突出强调，它作为个人的道德实践不仅具有判断是非的独立性，而且还是客观的宇宙生命的根源性存在。因此，阳明又有"无声无臭独知时，此是乾坤万有基"的诗句，阐明了作为独知的良知，就是宇宙万物之所以然意义上的一种价值存在的根据。换言之，若没有人的这种独立的良知精神，则万事万物的价值和意义便无法得以确立。

然而，需要指出的是，在强调良知独知的同时，如何防止良知独知理论成为个人逞一己之私的借口，更是阳明良知学所面临的重大理论问题。及至明代末年，有不少学者在反省和批判晚明心学之际，就观察到心学末流有一种严重流弊，即往往以个人一己之"情识"，视同良知。究其根源，就是良知自知而他人莫知的观念在作祟。

就阳明自身而言，他也意识到为预防此弊病，需要同时强调良知具有普遍性的特征，具有天下公共之理的品格，绝非一己之私所能局限。阳明再三强调"良知即天理"，其目的就在于试图解决良知的客观化问题，通过将良知提升至天理的高度，便可从理论上解决良知作为是非善恶之标准，不仅是属于个人的，而且还是属于共同体的。

良知就是天理

良知是天理之昭明灵觉处，故良知即是天理。

(《传习录》中，一六九)

译文：
良知是天理的昭然光明、灵妙知觉处，因此良知就是天理。

"吾学虽有所授受，'天理'二字却是自家体贴出来"（《宋元学案》卷十三《明道学案上》），这是宋儒程颢的一句传世名言。受此鼓舞，宋明理学家大多喜谈天理，阳明亦不例外。

但在阳明，他是将天理认作良知，于是"良知即天理""心体即天理""心体即良知""天道即良知"等话头在《传习录》等阳明著作中俯拾皆是、不一而足。

为什么有此等话头呢？阳明的目的是这样的：他企图通过良知(心体)即天理，从而将良知天理化、客观化、普遍化。也就是说，良知天理化的理论企图在于：通过将良知上提至天理的超越层面，以便赋予良知存在的超越义、绝对义，凸显出良知具有超越一切时空限制的存在品格，如此便可使属于人内在的良知拥有普遍、客观的意义。

因为按照良知自知、良知自觉的理论，容易使人以为完全可依凭自己良知行事，而置外在规范于不顾。也就是说，内在良知的主体性原则如果缺乏客观的制约，那么就有可能导致妄自尊大或"良知的傲慢"。很显然，导致这一结果的根本原因就在于，良知自知、良知自觉这一理论后果未免会加重天理个人化、主观化或者良知个人化、主观化的趋向，而渐成弊病。为克服此弊病，阳明认为实有必要强调良知的客观化。所以，阳明的良知天理化的思路，其本意就是要强调良知的客观化，以克服良知个人化、主观化的现象。

但问题是，良知的主体性原则与客观化原则之间往往处于内在的理论紧张。关于这一点，我们可以列举一个例子来略加说明。

明代万历初年，正处于推行改革的关键期间，张居正忽然遇到父丧，于是他就遇到了应该返乡服丧，还是应该留在朝中继续辅政的两难局面。面对这一两难，他需要作出抉择。最终，他选择了后者。于是招来了朝野的一片骂声，因为他违反了儒家孝道的基本原则。对此，据传张居正有一个辩解很有意思，他认为这些批评者所言尽是"宋人烂头巾语"。关于不服丧一事，唯有王阳明"足以知之"。(《刘宗周全集》第2册《读书说·示儿》)这是什么意思呢？他说只有阳明知道，其实他是想说只有他自己的良知知道，而他人莫知。很显然，这是张居正很巧妙地运用了阳明的良知自知、良知自觉理论。

这个传闻是否属实，我们不必考证，因为这个问题无关宏旨。我们需要追问的是，若按照张居正的上述逻辑，那么良知岂不成了完全私人化的东西，而无客观性可言？张居正的行为根据即良知，如何能成为他人亦能普遍认同的客观性根据？这才是问题的实质。

当然，必须指出的是，张居正以为此事唯王阳明"足以知之"，这是对阳明良知学的严重误会。若按照阳明的良知理论，固然良知是自知自觉而他人莫知的，良知遵从的是个人优先原则,行为的选择权及其监察权都在良知。但这并不等于说,错误的行为亦应由良知负责。这是因为良知是为善去恶的绝对力量,绝不能成为违背伦理规范之行为的理由。

尽管阳明良知学充分肯定了良知是每个人的"主人翁",是一切工夫的"主脑",是道德实践的主体力量及主观原则,然而良知同时也是审视和评判他人的道德行为的客观标准,所以良知具有"公是非""同好恶"的社会客观性。

对此,阳明欲以"良知即天理"等命题来加以证实,通过将良知提升至天理的高度,目的是从理论上证明良知作为评判是非善恶的标准和根据,不仅是属于个人的,而且还是属于公共社会、历史文化的。

因此我们说,个人良知虽然重要,个人良知积少成多,也确实可以端正社会风气。但是与此同时,我们更需要的是"社会良知",这才是保证社会公平正义的必然条件。

良知是一把双刃剑吗？

呜呼！天道之运，无一息之或停；吾心良知之运，亦无一息之或停。良知即天道，谓之"亦"，则犹二之矣。

(《王阳明全集》卷七《惜阴说·丙戌》)

译文：

呜呼！天道的运作，没有一刻停止；我的良知的运作，也没有一刻停止。良知就是天道，其间加一"亦"字，犹如一分为二。

按照阳明的良知自知、良知自觉理论，仿佛人的一切行为只有自己知道而他人莫知，于是，只要一任本心良知做去便是，他人如何评说，可以全然不顾。我们称其为良知个人化。及至晚明，良知个人化的倾向日益严重，终于出现了良知是一把双刃剑的论调，值得注意。

　　在明代最后一个以宣扬心学为主的讲会组织即"证人社"的一次讲会上，该社的两大领袖刘宗周和陶奭龄之间有过一场关于良知问题的讨论：

　　　　陶先生曰："……良知如一柄快刀子，能除暴去凶，亦能逞凶作盗，顾人用之何如耳。"先生(刘宗周)曰："恐良知之刀止能除盗，不能作盗。(《刘宗周全集》第2册《会录》)

　　陶奭龄把良知比作一把"快刀子"，令人深思。换言之，这也就是良知是否是一把双刃剑的问题。依陶奭龄的意思，良知作为主体性原则是全赖个人如何"用之"而定，他人是无法干预的，所以既能"除暴去凶"，也能"逞凶作盗"。这个说法的实质在于：良知成了空洞抽象而无具体内容的形式原则。若按阳明的良知理论，良知作为一种先天的形式原则，并不预设任何特定的功利性目的(例如，为了求得他人赞扬等)，但同时也绝不意味着良知可以脱离具体的伦理场景，而没有任何具体内容。

　　然而若按陶奭龄的双刃剑理论，那么上述张居正"夺情"

亦可按此理论来加以合理解释。这在刘宗周看来，良知便有可能成为"乱臣贼子之借口"，是万万不能认同的，因此他断然指出"良知之刀止能除盗，不能作盗"。

但是也须看到，根据阳明的良知自知理论，良知在根本上是一种"独知"，可用"自家痛痒自家知"来指称"良知独知"。依照阳明的说法，如将自家"痛痒从人问"，就好比"沿门持钵效贫儿"一般，对于自家"无尽藏"的宝藏心存疑虑，却向他人祈求宝藏、寻找良知，这是对自己本心缺乏信心的表现。

所以，人们应树立起自知自觉的信念，只要扪心自问，于良心无愧，则随之而发的行为，便无不正当合理。至于他人用何种伦理规范来评判，则与行为主体的本心无关。若按这个思路，那么心学家们可以认为在这个世界上，是非对错是不可任由他人评说的。作为一个有良知的人，只要做到"心之所安"即可。

例如，阳明弟子魏良器就曾宣扬："理无定在，心之所安即是理；孝无定法，亲之所安即是孝。"(《明儒学案》卷十九《处士魏药湖先生良器》)表面看来，"心之所安"是主观标准，"亲之所安"是涉及行为对象的客观标准。然而归根结底，所谓"亲之所安"最终仍须根据"亲"的"心之所安"而定。事实很显然，在发自孝心而实现"亲之所安"的过程中，行为者及其对象均以自己的"心"作为判断标准，理或孝的客观标准完全被"心之所安"的主观原则所取代。其结果将导致只要主观愿望是好的,那么行为后果就必然是正确的。陶奭龄的双刃剑说法,在思路上与这里的说法完全相同。

然而须指出的是,阳明心学的良知是一绝对至善的本体存在,是人之所以向善的动力源泉。一切恶的行为非但与人的良知不存在因果关联,而且也唯有依靠人心良知才能从根源上阻止或铲除罪恶。因为良知作为道德本心,它具有检视和审察行为善恶的绝对能力,这是由于良知乃是绝对道德准则的缘故。

因此结论是良知不是双刃剑,而只能是把快刀子,唯能斩断恶果、杜绝恶源,而绝不能成为作恶逞凶的借口。正是在这个意义上,阳明再三强调良知是天理,良知是天道。正因为此,天理、天道可以保证良知的客观性。

不过,通过我们的考察,却不得不说良知学内部的主观性原则与客观性原则的理论紧张始终存在,良知自知理论在不断地挑战共同体社会公认的规范和权威,乃至于阳明后学还在不断争论这一问题,值得我们省思。

"不离日用常行内"

绵绵圣学已千年，两字良知是口传。……
不离日用常行内，直造先天未画前。

(《王阳明全集》卷二十《别诸生》)

译文：

儒家圣学绵延不绝已千年，良知两字是代代相传之口诀。……良知离不开日用
常行，又在伏羲未画易卦的先天前。

阳明有两句诗非常脍炙人口，即"不离日用常行内，直造先天未画前"，深刻描述了良知的重要规定。这两句诗的意思是说，良知就在日用之中，不断地流行着，同时又在先天之前，甚至在伏羲画卦之前。

　　这个说法表明，阳明所谓的"良知"，不是抽象的观念存在，而是即刻当下的现实存在，它就存在于我们的日常生活当中，人们的一举一动、饥食渴饮，无不有良知的存在。另一方面，良知又是绝对的、超越的观念实在，是先天赋予的、不思不虑的，不仅是道德本体，也是宇宙本体，是在伏羲尚未落笔画卦之前。意思是说良知在宇宙还未生成之前就已经存在。这样的良知看似很奇妙，但又确实是存在于我们的日常生活中。

　　正如前所言，良知是"心之本体"。可见，良知既然是一种本体存在，它必然是超越的、普遍的，不是一般的具体物、经验物。良知既然是构成人的道德本心，这种道德本心就必然地在人的日常生活中发用流

行,否则的话,良知何以能成为人的行为
准则?

所以,在阳明看来,良知既是本体存
在,又是发用流行的。在他看来,我们的日
常生活虽然十分繁复、千头万绪,但却无不
是良知在发用流行,良知时时刻刻存在于
日常生活之中,主导着人们的行为意识,引
领着人们走上正确的道路。

因此,我们就不能以为良知是形而上
的抽象观念,从而把它当作光景玩弄,而与
我们自己的日常生活无关,以为我们的一
言一行,完全可以逃脱良知的监督审视。
若此,则未免过于轻视良知的作用了。

可见,阳明强调良知的发用流行,强调

良知就在日用常行内,其意图是十分明显的。他是要人们相信,"天地间活泼泼地",无非就是天理的存在,而这个"活泼泼地"天理便是良知"流行不息"(《传习录》下,三三〇)的表现,强调的也是良知"不离日用常行内"的意思。既然良知不离日用,因此"致良知"工夫也只有在日常生活中才能加以落实。

由此可说,注重人伦日用、脚踏实地"致良知",这是阳明良知学的重要特质之一。

良知无处不在

盖良知之在人心，亘万古，塞宇宙，而无不同。

（《传习录》中，一七一）

译文：

良知存在于人心，绵延万古，充塞宇宙，而没有不同。

这便是阳明良知遍在的观点。用他的话来说，就是"良知无所不在"(《王阳明全集》卷六《答魏师说·丁亥》)。良知遍在，强调良知的普遍性、超时空性，也即超越性。

阳明曾说过一段意味深长的话：良知作为"心之本体"，就好比是太阳，其光芒是永恒不灭的("恒照")；作为"心之本体"，它是无所谓发动或不发动的("无起无不起")；尽管心中有妄念之发动，但是良知"未尝不在"；尽管有人愚昧之极，但是他的良知"未尝不明"；尽管良知有时会被放失，但是良知本体"未尝不在"；尽管良知有时会被蔽塞，但是良知本体"未尝不明"。(《传习录》中，一五二)

值得注意的是，阳明在这里针对"妄念之发""昏塞之极""有时而或放""有时而或蔽"等现象，再三强调即便在人心处于这种非正常状况之下，良知也是"未尝不在""未尝不明"的。这是就一人之心体而言，阳明强调良知是永远存在的，它不会因人的愚昧、因人心的一时之失态而有丝毫的减少。一句话，人心的状态千差万别，但良知本体乃是永恒存在、无所不在的。

若超出一人之心体，而就"亘万古，塞宇宙"的角度言之，良知之在人心而无不同。所以阳明又说：自圣人到愚人，自一人之心到四海之远，自千古以前以至于万世以后，良知存在是"无有不同"的。（《王阳明全集》卷八《书朱守乾卷·乙酉》）这就更为明确地告诉我们，尧、舜、孔、孟也好，愚夫愚妇也好，中国人也好，外国人也好，千年以前，乃至万年以后，这世界上可以有无穷无尽的千变万化，但只有良知存在这一事实却是永远也不会改变的，甚至我们每一个人的良知也都是完全一样的。

良知是超越"万古""宇宙""四海"，超越时间、空间的永恒存在。就好比说，尧、舜、孔、孟之心是永恒的，不可说尧、舜、孔、孟的良知与我们的良知是不同的。所谓"良知在人，随你如何，不能泯灭。虽盗贼亦自知不当为盗，唤他做贼，他还忸怩"（《传习录》下，二〇七），用的是反证的例子，讲的却是同样的道理。

不过,道理看似简单,错误总是难免。阳明叹息道:"良知无所不在"的道理,今天的"同志"几乎人人都明白,一旦涉入日常生活,却还是难免把良知与人情物理看作两回事,真是"不可以不察"啊!(《王阳明全集》卷六《答魏师说·丁亥》)这话的意思是说,既然良知无所不在,那么在现实的人情物理中,良知为什么却又常常不在? 这是值得我们深思的。

当下呈现

只存得此心常见在，便是学。过去、未来事，思之何益？徒放心耳。

（《传习录》上，七九）

良知无前后，只知得见在的几，便是一了百了。

（《传习录》下，二八一）

今日良知见在如此，只随今日所知扩充到底。明日良知又有开悟，便从明日所知扩充到底。如此方是精一功夫。

（《传习录》下，二二五）

众所周知，阳明的"致良知教"对于当代新儒家的思想影响深远。当代新儒家的开创者之一熊十力曾说："良知是真真实实的，而且是个呈现，这须要直下自觉，直下肯定。"（转引自牟宗三《五十自述》）熊氏弟子牟宗三在晚年更是强调：

　　孔孟立教皆是认为此本心之实有是可以当机指点的；其所以可当机指点乃因其可当下呈现也。如当下不能呈现，还指点什么呢？因可当下呈现，故又可操存而培养之，工夫有落实处。（《圆善论》）

　　此处虽未点出阳明之名，然其所说"当下呈现"，既指本心，又指良知。所以究其实，乃由阳明"致良知教"上溯至孔

注释：

　　放心：心的走失。

　　精一：语见《尚书·大禹谟》"惟精惟一"，意谓用心精深专一。

译文：

　　只要存得此心常见在，便是学问。过去的事、未来的事，思考无益，只是舍弃了本心而已。

　　良知存在并无时间先后，只要把握住现在的时机，便可以一了百了。

　　今天良知明白到这个程度，只要随着今天良知所知扩充到底。明天良知又有开悟，便从明天良知所知扩充到底。只有这样才是用心精深专一的功夫。

孟立教而言,这是不言而喻的。按照熊、牟的理解,阳明所说的良知具有"当下呈现"的特征,这对于我们理解阳明"致良知教"具有重要的启发意义。

其实,良知作为一种本体存在,除了自知义、自觉义、独知义以外,还有遍在义、当下义、呈现义。用阳明的心学术语来说,就是"良知见在"。此"见在"一词,意近"现在",既意指良知是当下现在,又涵指良知无不遍在、即刻成就或当下呈现。

基于此,我们说阳明高足王畿所云"先师提出'良知'二字,正指'见在'而言。见在良知与圣人未尝不同,所不同者,能致与不能致耳"(《王畿集》卷四《与狮泉刘子问答》),可谓一语中的,道出了阳明"良知"两字的本质特征。也就是说,阳明所讲的"良知"两字的基本特征,主要是指"见在"而言,"见在良知"对于普通百姓与儒家圣人而言,是没有本质差异的。进而言之,先天良知就是见在良知,是现成具足、即刻圆满的,同时又是当下呈现的。

然而,当阳明心学发展到阳明后学,阳明的"良知见在"被推衍出"良知见成"或"现成良知"之说,遂引发出一场思想大辩论。阳明后学罗洪先便针对王畿的"见在良知"说提出了尖锐的批评,他说:"世间那有现成良知？良知非万死工夫,断不能生也,不是现成可得。"(《念庵罗先生文集》卷八《松原志晤》)显然,这个批评的视角是工夫论,而与王畿从本体论视角出发强调"良知见在"的说法并不一致。当然,从理论上看,罗洪先认为良知须依赖于"万死工夫"而后"生"的说法并不严密,因为这与阳明强调良知乃"不虑而知"的观点未免有异。

　　不过,我们也应看到,罗洪先的真实意图在于指出人总是一具体现实的有限存在,而落在人的现实状态中的良知并不能直接等同于作为先天圆满的良知本体。否则的话,人就再也没有必要作一番工夫,去实现这个良知。从这个角度看,罗洪先断然指出"世间那有现成良知"的良苦用心是可以理解的。

　　王畿的"良知见在"或"现成良知"说也确有可能将现实人心未免估计过高,以为在工夫实践之前,便与圣人一般无异。这样一来,就难免有高蹈躐等之嫌。

良知无知无不知

良知不由见闻而有，而见闻莫非良知之用。故良知不滞于见闻，而亦不离于见闻。孔子云："吾有知乎哉？无知也。"良知之外，别无知矣。

（《传习录》中，一六八）

知来本无知，觉来本无觉。

（《传习录》下，二一三）

译文：

良知不是由见闻而存在的，但是见闻却无不是良知的运用。因此良知不被见闻所拘滞，但也不离见闻。孔子说："我有知吗？没有知。"良知之外，是没有知的。

良知之知，其本来是无所谓知的；明觉之觉，其本来是无所谓觉的。

《论语·子罕》记载了孔子的这样一段话："子曰：'吾有知乎哉？无知也。有鄙夫问于我，空空如也，我叩其两端而竭焉。'"朱熹对此处"无知"的解释是"孔子谦言己无知识"（《论语集注》卷五）。在朱熹看来，这句话的意思就是表扬孔子自谦，没有什么深意。

然而阳明却不这么认为。他认为孔子所说的"吾有知乎哉？无知也"中"无知"是说"良知之外，别无知矣"。（《传习录》中，一六八）

于是，对"鄙夫来问"一段的理解，阳明认为这是说孔子"未尝先有知识以应之，其心只空空而已"，也正由此，孔子能够叩问那位鄙夫"自知的是非两端，与之一剖决"，一下子就使得那位鄙夫忽然领悟了。（《传习录》下，二九五）这段对儒家原典的解释，显然涉及阳明心学的一个重大义理问题。若从严格的训诂学上看，阳明的这个解释或许很牵强，此亦不必讳言。

那么，这里涉及阳明心学的什么重大义理问题呢？先把结论放在这里，这与阳明良知学的"无知无不知"（《传习录》下，二八二）这层义理有关。

例如阳明后学罗汝芳便针对上述朱熹的解释公然提出挑战，他断然指出孔子自称"无知"绝非"谦词"，而是"圣人实说"，讲的是"心本无知"这层良知心学的道理。（《一贯编·论语上》)显然,罗汝芳的这个解释正是以阳明"无知无不知"为前提的。

那么,究竟什么是"无知无不知"呢?

从良知自知、良知自觉、良知独知等问题的介绍中,我们已经充分了解良知是无所不知的,任何细微之事都瞒不过良知,良知的"眼睛"是雪亮的。但是,良知之知又绝不是听得见、摸得着的见闻知识或书本知识,它是无形无象、不学不虑、空空如也的,因此它又是"无知"的。更重要的是,"无知"既是对经验知识的否定状态,同时又是良知心体"不滞于见闻"的存在向度。

于是,就良知本来应有之状态而言,是不能偏执于"有"的。在此意义上,阳明强调孔子"无知"才是"知"的一种理想状态。假设孔子"留得些子知识在",便不能激发起"鄙夫"的良知。阳明再传弟子王时槐对阳明"无知无不知"一句有一评论,说得很到位,他说:"孔子之无知乃真知也。阳明先生所指良知,盖如此。"(《友庆堂合稿》卷四《三益轩会语》)可见,无知乃真知,无知即良知。

良知犹如太虚

良知之虚，便是天之太虚；良知之无，便是太虚之无形。日月风雷、山川民物，凡有貌象形色，皆在太虚无形中发用流行，未尝作得天的障碍。圣人只是顺其良知之发用。天地万物，俱在我良知的发用流行中，何尝又有一物超于良知之外，能作得障碍？

（《传习录》下，二六九）

译文：

良知之虚，就是天之太虚；良知之无，就是太虚之无形。日月风雷、山川民物，凡是有貌有象、有形有色的事物，都在太虚无形当中发用流行，但又未能成为天的障碍。圣人只是顺从良知的发用。天地万物都在我良知的发用流行中，哪里又有一物能够超然于良知之外，成为良知的障碍？

阳明又以"太虚"（天空）为喻，说明良知之无，指出良知之虚就好比"天之太虚"，良知之无就好比"太虚之无形"。这是良知的本来应有之状态——一无所有。

　　但是就在一无所有的太虚当中，现象世界的一切具体存在物——例如日月风雷、山川民物，凡是有貌有象、有形有色的一切存在物，都在这个太虚无形之中"发用流行"着，却又未尝成为太虚无形的障碍。与此相类，天地万物也在我良知的发用流行之中，任何一物不能超脱于良知之外，同时，任何一物也不能成为良知的障碍。

　　阳明的这段论述寓意极深，道出了良知其实是既无又有、既有又无、有无合一的浑然一体之存在。而所谓良知之虚、良知之无，其实就是"良知本无知"的另一种表述方式。

　　必须看到的是，在阳明的这一论述中，其实存在着一个非常重要的观念，亦即"无"绝不是单纯的什么也没有的意思。正是在这个"无"中，包含着一切的"有"，蕴涵着一切"有"的可能性。反过来说，一切的"有"必然内含于"无"之中，然而却不能成为"无"的障碍。

总之，阳明如此强调良知之无的面相，目的在于打破世人对"有"的执着状态，例如在世俗常态中的各种"有"相：爱富贵、忧贫贱、欣戚得丧、爱憎取舍等都是"必速去之为快"的执着相（《王阳明全集》卷六《答南元善·丙戌》），最终就可实现"无我"（"圣人之学，以无我为本。"《王阳明全集》卷七《别方叔贤序·辛未》）的精神境界。

的确，倘若真能破除金钱权力、名利富贵的追逐欲、拜倒相，何尝不能向"无我"境界回归！

良知是造化的精灵

良知是造化的精灵。这些精灵生天生地，成鬼成帝，皆从此出，真是与物无对。

（《传习录》下，二六一）

译文：

良知是造化的精灵。这些精灵能生天生地，成鬼成帝，天地鬼神上帝皆出自精灵，良知真是没有任何他物可与之相对。

一般说来，良知是人的一种道德是非判断能力，也是人的道德实践的根据。在阳明看来，人想要做好事，都离不开这个良知。至于草木如何生长、日月如何运行，乃至天地如何造化，按理说，是与人的良知没有任何瓜葛的。

　　但是如果只是局限在人的道德领域来讲良知，阳明觉得意犹未尽，很不过瘾。阳明不是经常地到处在讲良知的遍在性、普遍性、超越性、绝对性吗？若只是局限于道德领域，这些良知存在的品性又如何能讲得完美、讲得透彻？

　　于是，阳明设定天地造化当中有一个精灵存在，若没有这个精灵，天地就没法造化，也没法生成，甚至鬼神上帝也不知从哪里出来。这个精灵，就是良知，阳明说这样的良知"真是与物无对"。"无对"就是没有与之相对的他物，就是超越相对的绝对。"与物无对"，意思就是不与任何事物相对，这就成了唯一的绝对。良知就是这个唯一的绝对。

这样一来，良知的确十分了不起，良知就不仅仅是道德本体，而且是宇宙本体，是遍布于宇宙万物中的绝对存在。它能"生天生地，成鬼成帝"，天地、鬼神、上帝的存在根据被说成是良知，但是良知又不能实际地"造化"出某种具体的东西出来。

阳明弟子王畿对此层涵义颇有领会，他说："良知是造化之精灵，吾人当以造化为学。造者，自无而显于有；化者，自有而归于无。……吾之精灵生天生地生万物，而天地万物复归于无。"(《王畿集》卷四《东游会语》)这是对阳明良知学的一种洞见。意思是说，所谓良知造化是指展现与复归的过程，天地万物都在我的良知造化运动之中，但不是说如同上帝造物一般，良知也可制造万物。

人的良知就是草木瓦石的良知

　　人的良知，就是草木瓦石的良知。若草木瓦石无人的良知，不可以为草木瓦石矣。岂惟草木瓦石为然？天地无人的良知，亦不可为天地矣。盖天地万物，与人原是一体。其发窍之最精处，是人心一点灵明。

（《传习录》下，二七四）

注释：

　　灵明：喻指良知。

译文：

　　人的良知，就是草木瓦石的良知。如果草木瓦石没有了人的良知，就不成其为草木瓦石了。岂止草木瓦石是这样的？天地如果没有人的良知，也不可成其为天地。天地万物与人原是一体的，其发窍精灵处，就是人心的一点灵明。

前面在讲良知的有无问题时,曾提到太虚与万物的关系问题,良知被喻作本无一物的太虚,其意在表明良知本体本无一物,而万物却都在良知的发用流行中。在这个观点当中,也内含了良知与万物的关系问题。

其实,这个问题类似于"心外无物"的心物关系问题,只是自阳明提出"致良知"以后,心物问题往往被转化为良知与万物的问题。

关于良知与万物这个问题的讨论虽然延续着"心外无物"这一心学固有思路,然而由其言论方式来看,显然阳明更关注的问题是,良知除了是人之为人的存在之根据这层涵义以外,良知作为无所不在的普遍存在,能否成为万物之所以存在的根据?

有弟子提问道:良知是人的特权,因为人有"虚灵"——阳明所常用的"虚灵明觉"。但是如草木瓦石之类是没有知觉,更是没有思想的,它们是否也有良知呢?这个问题听上去好像很没水平,但其实是一个很严肃的问题:作为无所不在的良知是否也普遍存在于天地万物之中呢?

阳明对此作出的一番回答,乍听起来令人咋舌、不可思议,但细想之下,却回味无穷。阳明语气很坚定,这样说道:人的良知就是草木瓦石的良知,如果草木瓦石没有人的良知,就不可以成其为草木瓦石了。推而广之,天地万物亦然,如果天地没有人的良知，天地也就不成其为天地了。进而言之，天地万物与人原是一体之存在，天地万物当中的发窍精灵处，就是"人心一点灵明"。

阳明的这一回答，其实一共讲了三层意思，层层若环节相扣、紧密关联。这段话素称难解，我们不妨倒过来读，从第三层意思往上读，意味或可了然。

首先，从心物关系的原理上说，天地万物与人原是一体之存在，万物之精灵就是我的灵明。其次，因此万物如果没有了我的灵明，何以能成其万物。最后的结论自然是，人的良知就是草木瓦石的良知。总而言之，一切存在物之所以存在的根据就是良知。

至此我们终于明白，提问者的"若草木瓦石之类，亦有良知否"这一问题的实质是在问：良知能否成为宇宙的本体？

阳明答以"若草木瓦石无人的良知，不可以为草木瓦石矣"，看似严重违反常识，其实不过是阳明的"意之所在便是物"（《传习录》上，六）这一固有观点的延伸和拓展，也是阳明"心外无物"这一心物关系论的一种变相说法。只是在这里"良知"取代了"心"或"意"的概念。

阳明这段话的核心意思是说：草木瓦石（包括天地万物）如果没有人的意向所指，也就意味着草木瓦石复归于"寂然不动"的宁静世界,而不为我们人类的良知所确认。如此,则对我们人类而言,草木瓦石的存在就没有丝毫的价值和意义。很显然,这个说法与上面"南镇观花"的案例极其相似,若离开了人的良知存在,花在山中自开自落,只是一种事实现象,而不是一种价值或意义存在。一句话,花的意义只有融入人的世界,才能展现出来。

总之,从根本原理上说,人与物、心与物彼此融合、构成一个整体的世界,人与万物原是一体的世界,而不是一个与天斗其乐无穷、与人斗其乐无穷的斗争世界。这是阳明的一个基本想法。

我的灵明便是天地鬼神之主宰

　　我的灵明，便是天地鬼神的主宰。天没有我的灵明，谁去仰他高？地没有我的灵明，谁去俯他深？鬼神没有我的灵明，谁去辨他吉凶灾祥？天地鬼神万物离却我的灵明，便没有天地鬼神万物了。

（《传习录》下，三三六）

译文：
　　我的灵明（即良知），便是天地鬼神的主宰。天如果没有我的灵明，谁去景仰它的高？地如果没有我的灵明，谁去俯视它的深？鬼神如果没有我的灵明，谁去辨别它的吉凶灾祥？天地鬼神万物离开了我的灵明，就没有天地鬼神万物了。

关于良知与万物的关系问题,阳明与其弟子还有一段著名的对话。

首先阳明问:"什么是天地之心?"

弟子回答:"曾经听说过,人是天地的心。"熟悉儒家经典文本的,都知道这个说法是来自《礼记·礼运》。

然后阳明又问:"什么是人的心?"

弟子运用了心学知识,坦然答道:"只是一个灵明。"

显然,"灵明"是阳明心学的术语,喻指良知。

于是,阳明接着弟子的这个话头,进一步申述道:"由此可知,充塞于整个宇宙中间的只有这个灵明。人们只因为自己形体的原因,将自己与宇宙'间隔'了起来。"

为了彻底打破这种人为的"间隔",我们就必须了解以下这些道理:我的灵明,就是天地鬼神的主宰,天地鬼神万物离开了我的灵明,便没有天地鬼神万物了。反过来说也是一样的,我的灵明离开了天地鬼神万物,也就没有我的灵明。

但问题是,天地鬼神万物是客观存在,是千古不变的事实,是不以我们人的意志为转移的。因此,有什么根据说没有了我的灵明,天地鬼神万物就不存在了呢? 这是一个朴实的问题,也是一个常识问题。阳明遇到了物质具有自在性,与人又有何干这一传统观念的挑战。

对此,阳明提出了一个有力的反问作为回答:"如今看那已死之人,他的那些精灵已经游散了,那么他的天地万物又在哪里呢?"(《传习录》下,三三六)

无疑,这句反问颇具震撼力,我们就从这句反问说起。

阳明的这句反问蕴含着一个肯定的答案: 天地万物的价值和意义,必定随着人的存在而存在。

在这里,万物的自在问题被万物的意义问题所化解,既然世界是一个有价值、有意义的整体存在,那么它必然是指向人的存在而言,而人是一种德性的存在,是有道德心、价值感的现实存在,因此人的存在决定并赋予现实世界以价值和意义。这便是儒家为什么公认"人是天地的心"这一观念的缘由。因此,假设是一个已死之人,那么对他而言,整体世界就是没有意义的,也就等于是一个死的世界。

总之,天地万物不是一个封闭的体系,它要对人敞开,而它之所以是一种对人敞开的意义世界,其根据就在于"我的灵明",而非其他。由此,阳明无疑是在宣称,良知才是天地鬼神万物之所以存在的最终根据。一句话,良知是宇宙万物的本体。

良知本体无动无静

未发之中，即良知也。无前后内外，而浑然一体者也。有事无事，可以言动静，而良知无分于有事无事也；寂然感通，可以言动静，而良知无分于寂然感通也。

（《传习录》中，一五七）

良知明白，随你去静处体悟也好，随你去事上磨炼也好，良知本体原是无动无静的，此便是学问头脑。

（《传习录》下，二六二）

译文：

未发之中，就是良知。良知本体没有前后内外之分，是浑然一体之存在。有事无事，可以讲动静，然而良知本体不能分有事无事；寂然不动，感而遂通，可以讲动静，然而良知本体不能分寂然不动与感而遂通。

良知如果明白，任凭你去静处体悟也好，去事上磨炼也罢，良知本体原是无动无静的，这就是学问的头脑。

阳明常说近世儒者喜欢"分析"，这是语带讽刺的评价，大致是针对以程、朱为代表的"近世格物说"以及朱熹的"析心与理为二"的观点而言。

阳明自己则断然主张："此理岂容分析！"（《传习录》上，三五）在阳明看来，"分析"就意味着内心与外在世界的分裂，必导致"支离"，与此相反，不可"分析"则意味着内心与外在世界的"合一"。按照阳明心学的观点，不唯心与理、心与物、人与物原本就是"合一"的，而且任何存在的有无、动静、前后、内外也必然是"合一"的，换言之，整个世界是"浑然一体"的。

的确，自阳明提出"致良知"学说以后，弟子们常常犯难的是，良知如何致？到底是在无事的时候，还是在有事的时候去做"致良知"的工夫呢？也就是说，到底是在人心发动以后，还是在人心未发之前去把握内心的良知呢？诸如此类的问题不断有弟子提出，这也促使阳明从不同角度作出必要的回应。

按照常识来看，人们容易将自己安顿在习惯性思维当中，认为这世界上，要么是有事时酬酢万变，要么是无事时静谧安逸；要么"寂然不动"，无所事事，要么"感而遂通"，手忙脚乱；要么在人心未发之前，要么在人心已发以后。因此相应地，有无、动静、寂感、前后就被分开处理，如此才显得按部就班、有条不紊。

对于这种习惯性思维，阳明当头棒喝：有事无事，可以言动静，良知是没有动静之分的。无事寂然，有事感通，可以言动静，良知是没有寂感之分的。人的情感活动固然有未发已发，可以言前后，然而良知作为人心的一种根本存在，在存在论上，良知是没有前后、动静之分的。因为良知本身就是"前后内外而浑然一体者也"。

只是在阳明门下，仍有不少弟子不断就如何平息思虑、澄清杂念以把握良知的问题向阳明发问。因此，阳明特意指出："良知明白，随你去静处体悟也好，随你去事上磨炼也好。"其意是说，"致良知"工夫，本来就不应拘泥于静中涵养或是动中省察。这是因为，"致良知"其实是贯穿于一切动静、寂感、前后的根本工夫。

不过光是这样说，还是令人摸不着头脑，所以阳明就拿动静为例。他说"动静者所遇之时"，这是说，动静只是一个时间上的概念。然而良知是一个本体的概念，所以若就心之本体言，"固无分于动静也"，良知就是超越动静的存在。

又比如，循理而动，虽酬酢万变而未尝动；从欲而静，虽枯心槁念而未尝静。这就叫作"动中有静，静中有动"。

再比如，有事感通可以言动，然而寂然不动者未尝有增；无事寂然可以言静，然而感而遂通者未尝有减。这就叫作"动而无动，静而无静"。

可见，阳明从良知本体的角度出发，极力反对用未发已发、前后内外、寂然感通、有事无事、有动有静等一切分解式概念来描述或定义良知。在他看来，良知就是"浑然一体"的存在，一切时间上或空间上发生的断裂分离，都与良知本体的真实存在状况不符。换言之，良知本体作为本来如是的"浑然一体"之存在，它整体地存在于任何对象的世界之中，而不可被分割支离。

总体说来，人们只要对于"人心天理浑然"（《传习录》上，二〇）这一点能够"信得及"。那么，哪怕你去静中体悟也好，哪怕你去事上磨炼也罢，万变不离其宗，都不妨碍你去做"致良知"工夫。所以，阳明告诫我们要切记一点：良知本体原是无动无静的，这才是学问的真正头脑！

最后补充一点，说"无动无静"，似乎是指超乎动静，不免有点玄乎。其实阳明的意思是强调不论有事还是无事，在任何时刻，任何地方，都可以实践"致良知"工夫，关键在于"认得良知头脑是当，去朴实用功，自会透彻"，其最终结果"便是内外两忘，又何心事不合一？"（《传习录》下，二六三）这也就是实现了"浑然一体"的精神境界。

所以，"浑然一体"既是就本体而言，又是就工夫而言。既是对良知一体存在的描述语，同时也是指向内外合一的境界语。

格物就是正心

　　"格物"如孟子"大人格君心"之"格",是去其心之不正,以全其本体之正。但意念所在,即要去其不正,以全其正,即无时无处不是存天理,即是穷理。

(《传习录》上,七)

注释:

　　大人格君心:语见《孟子·离娄上》"惟大人为能格君心之非"。

译文:

　　"格物"就好比孟子所说的"大人格君心"的"格",是指去除君主的不正之心,以保全其正确的本来状态。凡是意念所指之处,就要格去不正之心,以保全其正确的状态,就无时无处不是在存天理,就是在穷理。

孟子"格君心之非"一说,引起了阳明的注意,他用来解释《大学》文本中"格物"这一概念。

关于"格物"的"格"字,历史上,占据主流地位的见解有两种:一种是郑玄:"格,来也";另一种是朱熹:"格,至也。"也就是说,"格"字只是方向性动词,意思是(事物)到这里来。于是,格物就成了这样的意思:事物到这里来(然后去穷尽事物之理——朱熹)。总之,"格"字本身没有具体的涵义。阳明很不赞同这样的解释。

阳明质问道,如果训格为至,那么必然要说"穷至事物之理,而后其说始通",但是这样一来,工夫全在一"穷"字,对象全在一"理"字。如果对照《大学》经文"致知在格物"之说,则应去掉上一"穷"字及下一"理"字,然后就变成了"致知在至物",岂不荒唐之极? 这明显与《大学》经文全然不符。(《传习录》中,一三七)

因此,阳明无比坚定地指出:"我解'格'作'正'字义,'物'作'事'字义。"(《传

习录》下,三一七)

而上引孟子的那段话,恰好成了阳明如此诠释的经典依据。此外,《尚书·冏命》"格其非心",也同样是其经典依据之一。

在阳明看来,"格物"就是"正心",既要正自己之心,也可正君主之心。前者属于自身的实践领域,而后者则是属于"治国"的领域。

可见,在阳明看来,"格物"既是个人修养问题,同时又是可以推广到政治实践领域的问题,但却恰恰与如何穷尽天下事物之理的问题完全无关。不难发现,阳明之所以用"正心"来解释"格物",显然与其心学立场有密切的理论关联。

"致良知"贯穿《大学》格物致知工夫

若鄙人所谓致知格物者,致吾心之良知于事事物物也。吾心之良知,即所谓天理也。致吾心良知之天理于事事物物,则事事物物皆得其理矣。致吾心之良知者,致知也。事事物物皆得其理者,格物也。

(《传习录》中,一三五)

译文:

　　我所说的致知格物,就是推广我心中的良知于事事物物。我心中的良知,就是所谓的天理。推广我心中的天理于事事物物,则事事物物都能符合理而存在。推广我心中的良知,就是致知。事事物物都能符合理而存在,就是格物。

我们知道，阳明年轻时深信朱熹的格物穷理学说，以为学做圣人必须按照朱熹的格物说去做，因此他在十五六岁时曾模仿朱熹所谓的格物法，去格庭院的竹子，而有著名的格竹事件，结果不但一无所获，反而导致"劳思致疾"。

及至"龙场悟道"以后，阳明才终于悟出"格物之功只在身心上"（《传习录》下，三一八）做的道理。这意味着，阳明再不把格物看成是向外在之物做穷理的工夫，而是把格物看成是返回到自己身心上做道德性命的体验、体贴工夫。

据上一条来看，阳明以"正"训"格"，反对格物是就物上穷理，而主张是正己心之物。然而及至晚年提出"致良知"学说以后，他对格物问题又有了更全面、更进一步的看法。站在"致良知"的立场上，对"格物致知"重新做了一番解释。

总起来看，阳明对"格物"的解释，要点在于将"格"训作"正"，将"物"释作"意之所在"，将"致"理解为"致良知"，就是推广、扩充吾心固有之良知,将通常理解为一般知识的"知"扭转为道德良知。如此,偏重问学的"格物致知"问题就被化约为道德修养工夫的问题。

于是,阳明在《答顾东桥书》信中,首先对朱熹以"即物而穷其理"解"格物"提出了批评,指出朱熹此说的实质在于"就事事物物上求其所谓'定理'者也",而"定理"就是指存在于外物的一定不变之理,其结果就必然导致"以吾心而求理于事事物物之中,析心与理而为二矣"。

接着针对朱熹的格物说,阳明指出:"若鄙人所谓致知格物者,致吾心之良知于事事物物也",这句话可以视作晚年对《大学》文本"格物致知"问题最为经典的诠释。

为了更进一步加以说明,阳明还说:"致吾心之良知者,致知也。事事物物皆得其理者,格物也。是合心与理而为一者也。"至此可见,"格物致知"的问题只有在"致良知""心即理"的命题下才能做出恰当的理解。"致知"就是"致良知","格物"

就是"致吾心之良知于事事物物"。归根结底,"致良知"贯穿于整个"格物致知"的过程。

"致良知"之学已失传几千百年

致良知之外，无学矣。自孔、孟既没，此学失传几千百年。赖天之灵，偶复有见，诚千古之一快！

（《王阳明全集》卷八《书魏师孟卷·乙酉》）

此"致知"二字，真是个千古圣传之秘。

（《传习录》下，二一一）

译文：

致良知之外，别无学矣。自孔、孟卒后，致良知之学已失传几千百年。赖天之灵，使我偶尔得见此学，实在是千古以来一大快乐！

此"致知"两个字，真是个千古圣贤相传的秘诀。

唐代韩愈在《原道》中说,由尧、舜至孔、孟,代代相传的儒家之道,至孟子之后便"不得其传",意思是自孟子后儒家道统就中断了。及至宋代,二程为宋代道学的实际创始人,二程中的小程——程颐在为其兄程颢撰写的《明道先生墓表》中更为明确地宣称:"周公没,圣人之道不行;孟轲死,圣人之学不传。道不行,百世无善治;学不传,千载无真儒。"这段话反映了宋代道学的道统观。

　　这是说,由尧、舜至周公,既有圣人之学,又有圣人之道,孔子继承了圣人之学,而圣人之道在孔子的时代即已失传,及至孟子之后,就连圣人之学也失传了。其结果是,由孔子至孟子的百年间,世无善治,世道一片昏暗。由孟子至二程时代的千年间,世无真儒,圣学湮没不彰。

　　南宋朱熹又接着程颐的话,指出二程乃"近世大儒,实得孔孟以来不传之学"(《壬午应诏封事》),又说:"二先生(二程)倡明道学于孔、孟既没千载不传之后,可谓盛矣。"(《程氏遗书后序》)那么,二程之后,谁又是道统的接续者呢? 在朱熹后学的历史观当中,当然非朱熹莫属了(例如,元儒吴澄就这么认为)。

不过,程、朱的这套道统观到了阳明那里就被颠覆了。尽管阳明也承认孟子后,儒家道统失传了,但他并不承认程(程颐)、朱是道统的接续者。因为在阳明这里,他对儒家圣学有一个基本判断,"圣人之学,心学也"。所以在阳明的眼里,陆象山之学才称得上是"圣人之学"。(《象山文集序》)

更重要的是,在阳明看来,"致知"才是"千古圣学之秘",才是"孔门正法眼藏",是"从前儒者"大多不曾悟到的,其结果导致后世儒者纷纷坠入"支离"而不自觉。(《王阳明全集》卷五《寄薛尚谦·癸未》)言外之意,由他重新发现的"致良知"之学,才是圣人之学的内涵、圣人之道的秘传。如此一来,阳明自己便成了复兴儒家绝学的真正继承者。所以阳明大胆宣称:"致良知"之外别无学,"自孔、孟既没,此学失传几千百年"(《王阳明全集》卷八《书魏师孟卷》),看来要由他来承担道统、重振绝学了。

用现代史学的眼光看,无论是程、朱还是阳明,他们的历史观可能并不符合真实的历史状况。因为学术总是在不断前进的,孔、孟儒学也是在不断发展的。然而在他们的这种道统观当中,我们却可读取出两层思想意图:

第一,他们无一例外地意在为后世的思想学术争正统。标榜继承孔、孟之学,是力图为自己的思想争取正统的历史地位。

第二,他们的这种历史观看似倒退,其实是为了批判现实,并在这种批判中以求进步。他们的历史观、道统观中充满着一种忧患意识。相反,把现世颂为太平盛世,将现在看作永远正确,这种缺乏现实忧患的观念,在中国历史上毋宁是少数。

颜子没而圣学亡

颜子没，而圣学之正派，遂不尽传矣。

（《传习录》上，七七）

译文：

颜子死后，而圣人之学的正统，就失传了。

"道统论"是宋明理学史上的关键问题之一,是指儒家圣人之道的统绪问题。按照今天的说法,儒家道统就是指儒学精神或儒家价值的传承系统。

首先提出"道统论"的是唐代韩愈,这一观点随后被宋明理学家所接受。但宋明理学家、心学家的"道统论"略有不同,按照程朱理学家的说法,孔子、曾子、子思、孟子是道统中的传承人物,而阳明提出"颜子没而圣学亡"观点,将颜回放在道统的关键之处。

阳明"颜子没而圣学亡"之说在其门人当中引起了纷纷议论,可谓一石激起千层浪。阳明此说显然与程朱理学所建构的"道统论"不相契,不妨称之为"心学道统论"。

倘若"颜子没而圣学亡"的判断为真,那么,曾子至孟子的道统传授又如何可能?再进一步说,周敦颐和二程又为什么能复续孟子而非颜子以来失传的道统?阳明此说不可避免地会受到质疑。

阳明弟子邹守益就指出,对阳明此说"学者往往疑之"(《东廓邹先生文集》卷四)。王畿指出阳明此说乃是"险语",留下了一个大疑问:"毕竟曾子、孟子所传是何学?"(《王畿集》卷一《抚州拟岘台会语》)

那么,阳明提出这一"心学道统论"的真实内涵及其理论意图究竟何在呢?

总起来看,阳明之所以说"颜子没而圣学亡",是因为:

第一,颜子是真正的"见道"者——他已然洞见圣人之道,所以是孔子的真正传道者。

第二,《易传》记录了孔子对颜回的极高评价:"颜氏之子,其殆庶几乎!有不善未尝不知,知之未尝复行也。"根据阳明的解读,"未尝不知"及"知之未尝复行"的两个"知"都是指"良知",而没有其他的可能。

第三,更为重要的理由是"孔子无不知而作,颜子有不善未尝不知。此是圣学真血脉路"(《传习录》下,二五九)。意思是说颜子之"知"乃是继承孔子而来的"圣学真血脉路"。

至此，我们就不难理解阳明重建"心学道统论"的缘由所在。面对多方质疑，阳明在晚年还特意撰述《博约说》，对颜子之学作了专门的讨论。全文的结语是："盖颜子至是而始有真实之见矣。"（《王阳明全集》卷七）此"真实之见"即上文"望道未见，乃是真见"的意思，突出颜回在道统传续中的关键性地位。

格物、致知、诚意、正心只是一事

　　盖身、心、意、知、物者，是其工夫所用之条理；虽亦各有其所，而其实只是一物。格、致、诚、正、修者，是其条理所用之工夫，虽亦皆有其名，而其实只是一事。

　　　　　　　　（《王阳明全集》卷二十六《大学问》）

译文：
　　身、心、意、知、物，是工夫对象所用的条理，虽然它们各有其存在的场所，而其实只是一物。格、致、诚、正、修，是就身、心、意、知、物的条理所做的工夫，它们虽然各有其名称，而其实只是一事。

《大学》八条目中被称为内圣工夫的格物、致知、诚意、正心、修身，在阳明看来，也可归结为"致良知"。正是在"致良知"的前提下，身、心、意、知、物"只是一物"，而格、致、诚、正、修"只是一事"。这是就总体而言。

　　具体地来说，身之主宰就是心，心之发动就是意，意之本体就是知（良知），物是意之所在。因此，修身在正其心，而心之本体本无不正，本体上是无处用功的，故必就心之发动处着力，此即所谓"欲正其心在诚意"。然而诚意之本，又在于致知，因为良知才是意识之本体。如果吾心良知不能扩充到底，"如何得意诚"？

　　因此，"致良知"便是"诚意之本"。然而致知不能悬空去做，必在"实事上格"，做到"格其不正以归于正"，如此则吾心良知才没有私欲遮蔽，这便是格物的最终成功。

　　所以阳明说若能按照如此顺序做工夫，"人人便做得，'人皆可以为尧、舜'，正在此也"（《传习录》下，三一七）。总之，按阳明的想法,若能依照以上所说的将格、致、诚、正、修的工夫,用"致良知"工夫贯穿起来,则人人都可实现儒家的最高精神境界——圣人。

以上,阳明虽然没有涉及《大学》八条目中的后三条即所谓外王工夫"齐家、治国、平天下",然就阳明的整体思路而言,不难得出结论,齐、治、平的外王工夫也同样离不开"致良知"。这是因为这些外王工夫的实施者,何尝离得开内圣工夫?从普通百姓到士大夫乃至于君主,都是以内圣工夫为基础,然后才能拓展、延伸至外王工夫的实现。这在阳明看来,无疑是理所当然的结论。

事上磨炼

人须在事上磨，方立得住，方能静亦定，动亦定。

（《传习录》上，二三）

译文：

人必须在事情上磨炼，方才站得住，方能做到静时亦定，动时亦定。

"致良知"无疑是阳明工夫论的头脑和宗旨，但同时阳明强调为学工夫须按照孟子的"必有事焉"来实行，即强调须在日常生活当中，每时每刻不间断地进行工夫实践。

继而，他批评在"勿忘勿助"上做工夫，因为如果只在意念上刻意追求所谓"勿忘勿助"的工夫，无疑是一种"全无实落下手处"，犹如佛老一般的"沉空守寂"之学，必将为害不浅。(《传习录》中，一八六)

而孟子说"勿忘勿助"也是就告子得病处所开的药方。告子强制他的心，就是"助"的病痛，所以孟子专说助长的危害。告子助长，是因为他以义为外，不知在自己的心上"集义"，在"必有事焉"上用功。如果时时刻刻在自己心上"集义"，则自然洞彻明白"良知"的本体，自然是是非非都清清楚楚，又哪有"不得于言，勿求于心；不得于心，勿求于气"(《孟子·公孙丑上》)的毛病？

因此，阳明认为孟子所谓"必有事焉"与"勿忘勿助"，就是强调时时刻刻去做集义工夫,不可间断,便是"勿忘"。时时刻刻"必有事焉",而有时会有欲速求快的心理,这时便需要"勿助"。于是,针对弟子静坐时与遇事时言行功效不同的情况,阳明批评弟子们只知道养静工夫,他强调的是唯有在"事上磨",方才做到"静亦定,动亦定"。

这是因为,在阳明看来,人情与事变是人一生不得不面对的事实,从喜怒哀乐、视听言动到富贵贫贱、患难死生,一切皆在其中。从工夫论上讲,关键在于如何做到"喜怒哀乐未发谓之中,发而皆中节谓之和"(《中庸》),即如何实现"致中和"。

因此说，所谓"事上磨炼"不是随波逐流、舍心逐物，而是在应事接物之际，即在日常生活中，切切实实地通过慎独工夫，使内心世界保持本来的人心天理浑然一体的理想状态。

知行合一

知是行的主意，行是知的功夫；知是行之始，行是知之成。

知者行之始，行者知之成。圣学只一个功夫，知行不可分作两事。

（《传习录》上，二六）

知行原是两个字说一个工夫，这一个工夫须着此两个字，方说得完全无弊病。

（《王阳明全集》卷六《答友人问·丙戌》）

作为一种文化传统的儒家思想，两千多年来，仍然是一个活的文化传统，其中就必然有某些思想精粹在今天仍然发挥着潜移默化的正面影响。在这个意义上，可以说这种思想具有普世性，而"知行合一"便是其中最为重要的一个。

"知行合一"在阳明心学的思想系统中，是与"心即理""致良知"三足鼎立的一个重要思想学说，并且与后两者又有密不可分的理论关联。

就结论而言，"知行合一"的"知"是指"良知"，"行"是指"致良知"，因此"知行合一"是在"致良知"学说的立论基础上得以成立的。一句话，"良知"是保证"知行合一"得以成立的根据。

也就是说，若无"良知"的统领，知行问题则有可能变成一种认识论问题，仿佛是在讨论认识过程中知、行两者孰先孰后的关系，这就从根本上偏离了阳明提出"知行合一说"的核心意旨。

译文：

　　知是行的主意，行是知的功夫；知是行的开始，行是知的结果。

　　知是行的开始，行是知的结果。圣人之学只有一个功夫，知行不可分作两件事情。

　　知行原本就是用两个字来说一个工夫，这一个工夫必须是用此两字，方说得完整而没有问题。

根据阳明的说法，他提出"知行合一说"是有针对性的，一是针对宋儒以来"知先行后"的主流观点，一是针对当时社会上普遍存在的"知而不行"的思想现象。而且在阳明看来，前者是因，后者是果，两者是有必然联系的。因此极有必要首先打破"知先行后"的观念，才能从根本上扭转人们安于"知而不行"的现状，而"知行合一"就是对症的一剂良药。

用阳明的话来说，他所针对的病症是"致知格物之谬"，对此病症所下的"良药"，就是"知行合一"，因为"知行合一"能收到"正人心，息邪说"（《王阳明全集》卷八《书林司训卷·丙戌》）的效果。可见，阳明对"知行合一说"自视颇高，期望甚大。

不过，当阳明提出"知行合一"之后，马上就有一些他的弟子(包括得意门生)提出疑问，认为如今社会上普遍存在这样一种现象：明明心里知道应该对父母行孝、对兄长行悌，却偏偏不能在行动上真正做到孝悌，这不就充分证明知和行毕竟是两件事情吗？这里指出了知行割裂的现象。

对此，阳明的回答很干脆：这种现象只能表明行为主体被私欲蒙蔽了，他的知行已全然不是"知行的本体了"，意思是这已不是知行本来应有的理想状态。因为从理论上说，根本不存在"知而不行者"。如果是知而不行，那就"只是未知"，那就不是真正意义上的知。

在阳明看来，真正意义上的"知"就是"良知"，而"良知"

是必然包含"行"在内的。他打了一个比方,比如我们称某人为"知孝"或"知弟（悌）",那必定是那个人已经"行孝行弟"了,方可称他为"知孝知弟"。我们不能仅仅根据他嘴巴上说些孝悌的话头便称他"知孝弟"。

很明显,阳明在此所说的"知"乃是指特定的"良知",而非知识论意义上的某种或某类知识。按照良知学的基本原理来说,阳明认为,作为"良知"之"知"以及"致良知"之"行",两者决然不能分开,"此便是知行的本体,不曾有私意隔断的",而且这也不是我阳明"凿空杜撰"的。(《传习录》上,五)

其实,即便在当今社会,我们时常面临的某些社会现象何尝不是知行严重割裂的现状。例如看见老人摔倒,心里会有一股恻隐之心,但就是不援之以手。这不正是知而不行、知行割裂的现象吗?按照阳明"知行合一"的理论,他会告诉我们,当我们知道老人摔倒应当去扶,那么就应当立即付诸行动,知与行之间容不得丝毫的犹疑瞬间。

这就是阳明的立言宗旨,即"知行合一"。

知易行难还是行易知难？

或疑知行不合一，以"知之匪艰"二句为问。先生曰："良知自知，原是容易的。只是不能致那良知，便是'知之匪艰，行之惟艰'。"

（《传习录》下，三二〇）

注释：

"知之匪艰，行之惟艰"：语见《尚书·说命中》："非知之艰，行之惟艰。"

译文：

有人怀疑知行是不能合一的，故以"知之匪艰"二句提问。先生（阳明）答道："良知自知，原本是容易的。今人只是不能推广扩充自己的良知，这就是'知之匪艰，行之惟艰'的缘故。"

在中国最古老的一部史书《尚书》中有一句名言："非知之艰，行之惟艰。"相传为贤相傅说告诉商王高宗的话语，意思是说知之易而行之难，以勉励高宗要努力行动，不要知而不行。这句话被后人称为"知易行难说"，影响深远。直至孙中山，始提出完全相反的命题"行易知难"，认为用革命的道理来武装革命的行动，才是当时最为迫切的问题，所以他要疾呼"天下的事情，的确是行易知难"（《民权主义》）。

王阳明是"知易行难说"的信奉者。有弟子对"知行合一说"表示怀疑，于是就引用《尚书》"知之匪艰说"，向阳明提出了质疑。意思是历史上既有以"难易"说知行，这就表明知行原是两事。

对此，阳明的回答很有意思，一上来他就断然指出："良知自知，原是容易的。"关于"良知自知"理论，所谓"原是容易的"，是阳明心学的一贯主张。在阳明看来，他一直坚持认为心学就是简易直截的学问，不像朱子理学那样支离繁难。原因在于人人胸中有良知，是不虑而知、不学而能的。这就叫作"知易"。

接着阳明又说：既然知道良知之学是容易的，但今天人们就是不肯实实在在地去实践良知，所以正好印证了《尚书》中的一句话"非知之艰，行之惟艰"。

阳明通过以上的回答，意在指出："知易行难"的说法只是针对多数人知而不行的现状而言的。若从"致良知"的理论上说，这种现象原本是可以克服的。换言之，若按良知学说，由于"良知自知"，所以不论是"知"还是"行"，从原本意义上说"原是容易的"。这无疑是说：知为易知，行亦易行。只是现实中的人们往往见得良知容易，却不愿就自己身心上着实做一番"致良知"的工夫，因此就陷入了"知易行难"的局面。

可见，阳明用其特有的良知理论、强烈的现实关怀，对儒家经典《尚书》"知易行难说"作出了新的诠释与肯定。阳明想要疾呼的是：做好学问是其次的，首要的乃是实践行动。

　　在今天，我们是否也应该认真思考一下到底是"知易行难"还是"行易知难"呢？我倒是以为这两者是可以彼此结合的——在主张实践与理论同为重要这一立场上，这两句口号都有其时代性，不宜偏废。然而就实践策略上讲，大声疾呼"知易行难"显得更为迫切而重要！

一念发动便是行

　　我今说个知行合一,正要人晓得一念发动处,便即是行了。发动处有不善,就将这不善的念克倒了。须要彻根彻底,不使那一念不善潜伏在胸中。此是我立言宗旨。

(《传习录》下,二二六)

译文:

　　我现在说知行合一,正是要人了解一念发动之际,便已经是行了。一念发动处有不善,就将这不善的念头克治下去。须要做到彻彻底底,不使那一念不善的念头潜伏在胸中。这就是我的立言宗旨。

我们已经了解到,在"知行合一"的命题中,阳明有"知行本体"这一重要概念,意思是指知行本来应有的状态。而当阳明说"知行工夫",其意则是指"知行"虽是两个字,但它们所指向的却都是"一个工夫"。

为什么这样说呢? 其中自然含有阳明的深意。

如果站在认识论的立场上看,知行中的"知"是指所求的知识,而"行"是指求知的行为。俗话说"条条大路通罗马",但若是真要去罗马,则必须先获得罗马在哪里的知识,以及用何种交通工具,才能达到目的地等相关知识,所以结论必然是知在行先。知与行是可以暂时割裂开来加以思考的。另一方面,若要使一种知识上升为真理,也需要用实践加以检验,好比若要知道罗马确实存在,只有亲自到了罗马以后,才能获得真切实在的知识。在这个意义上,可以说,行为是比知识来得重要。

然而阳明所思考的知行问题,却并不是上述那种认识论问题,也不是知识如何

一念发动便是行　　151

获得，以及行为如何验证知识等问题。他是将知行问题置于"致良知"这一道德实践领域中加以思考的。他用知行本体的"良知"来统领知行工夫，得出了"知行"两字是一个工夫的结论。意思是说，不仅"行"是工夫，"良知"也是工夫，"良知"离不开"致良知"的实践工夫。

如果说将知行分割开来考虑，那么知行就不存在于一个工夫过程之中。所以阳明指出：今天之所以要说"知行合一"，正是为了让人们知道"一念发动处，便即是行了"。

此话怎么讲呢？

一般认为念头发动之际，尚未诉诸行为，是不能算作行为的。比如有人想偷东西，但还未实施行动，是不能算犯罪的。现在阳明却说，当你想偷东西之际，便已经是行了，尽管这只是在念头中的行。对此，我们就有必要采取毫不姑息的态度，加以彻底地铲除干净，而这种铲除行为也发生在念头之中。

可见，在一念发动之中，也包含着知和行两个方面，知道不善，即加以克除。然而，人之所以能够做到这一点，在阳明看来，完全是由于知行就存在于一个工夫过程之中的原因。

总之，在一念发动之际，"良知"同时启动，开始发挥监督审察的作用，人们必须"依着良知"去做一番"彻根彻底"的"克念"(铲除不善之念)工夫。

"知行本体"是说知行在本来意义上就是合一的。而"知行工夫"则强调知行既是整体结构关系，同时也是同一个工夫过程，其中突出了"行即是知""未有知而不行者"这层意思。

可以说，无论从"本体"还是从"工夫"上说，知和行都"只是一个"的观点，这才是阳明强调"知行合一"是"我立言宗旨"的主要内涵。

解书与解心

只要解心。心明白,书自然融会。若心上不通,只要书上文义通,却自生意见。

(《传习录》下,二一七)

尔身各各自天真,不用求人更问人。但致良知成德业,谩从故纸费精神。

(《王阳明全集》卷二十《示诸生三首》其一)

万理由来吾具足,《六经》原只是阶梯。

(《王阳明全集》卷二十《林汝桓以二诗寄次韵为别》其二)

亦只是终日与圣贤印对,是个纯乎天理之心。任他读书,亦只是调摄此心而已。

(《传习录》下,二四一)

一般而言,朱熹重道问学,陆象山重尊德性。象山曾说他之所以批评后世学者"溺于文义",就是因为他们"知见缴绕,蔽惑愈甚,不可入道",就像孔门弟子中聪慧高明如子夏、子贡未能入道,反倒是愚鲁如高柴、曾参却能传续夫子之道,这不正是说明闻见愈多,反而妨碍入道吗?(《陆九渊全集》卷三十五《语录》下)

　　阳明出于其心学立场,曾指出:"天下之大乱,由虚文胜而实行衰也。"(《传习录》上,一一)阳明认为,后世天下大乱,主要是由于"虚文"盛行而"实行"衰落的缘故。所以,比起不切实际的"虚文",更应注重行为实践。

　　有学生问,读书有不明白之处怎么办?关于读书方法,阳明指出,只是从"文义"上讲求,是工夫用错了方向,在"心体上用功"才是正道。这是因为"四书五经"说的不外就是这

译文:

　　只要在心上解释。心明白了,书上的文义自然融会贯通了。如果心上不通,只求书上的文义通顺,就会自然生出个人的臆想和偏见。

　　你们每个人各自有率真的天性,不需要求人,更无须问人。只要做好致良知的德性事业,无须在故纸堆中浪费精神。

　　我自己便具足万理,《六经》只是个阶梯。

　　(读书)就是整日与圣贤对话,只是要做到此心纯乎天理。任何读书都只是调理此心而已。

个心体,而这个心体就是所谓的"道心",体明就是道明。再没有第二个要点了,这就是治学最主要的关键所在。(《传习录》上,三一)

可见,与陆象山"某则不识一字,亦须还我堂堂地做个人"(《陆九渊全集》卷三十五《语录下》)思想是一致的,阳明也颇为重视人生德行的修为,而相对轻视读书与著作。

因此,就解得书中道理、解得自己心中良知何者为重的问题,无疑后者才是阳明所看重的。因为只要明明白白把握自己心中的良知,那么书中道理自然便会通晓,因此阳明说:"凡看书,培养自家心体。"(《传习录拾遗》,一五)相反,如果都不能把握自己的良知,却只是在书本上求索,那得到的也只是一些浅见而已。这固然是陆王心学简易直截工夫的典型体现。但也必须指出的是,此类说法也造成阳明心学不喜读书、物不必博的后果。

博文约礼,本是孔子强调的两件不可缺少的工夫,在时间上没有先后之别,在权重上也没有轻重之分。但阳明无疑更强调约礼工夫,更强调"致良知"工夫,认为闻见博学、读书穷理是在第二义的工夫序列,这一看法与阳明自己为学的真切体验也有关。

阳明在贵州龙场终于悟出"吾性自足"道理后,与身边的读书人讲起此道理,却大都不相信他的话,相反当地的百姓虽然语言不通，却能相谈甚洽。

于是，阳明自言："学问最怕有意见的人，只患闻见不多。良知闻见益多，覆蔽益重。反不曾读书的人，更容易与他说得。"（《传习录拾遗》，一七）读书多，成见也多，初闻阳明新说，自然是格格不入。

另一方面，阳明也强调读书的正确方法就是"学者读书，只要归在自己身心上"（《传习录拾遗》，三十），万不可执着于对每一个文句的解释，执定于某个道理。这便是属于心学的读书法。

精金喻圣

圣人之所以为圣，只是其心纯乎天理，而无人欲之杂。犹精金之所以为精，但以其成色足而无铜铅之杂也。人到纯乎天理方是圣，金到足色方是精。

（《传习录》上，九九）

译文：

　　圣人之所以成为圣人，只是圣人的心纯粹如天理，而没有私欲掺杂。就好比精金之所以是精金，只由于其成色足而没有铜铅之类的掺杂。人纯粹如天理才是圣人，金到成色充足才是精金。

本书第一条便已提到,成为圣人是宋明新儒学的思想口号。阳明十二岁便立志要成为圣人,与这一思想口号提倡的人生追求不无关系。

但是有人要问:历史上有那么多的圣人,例如被孟子称为"圣之清者"的伯夷,以及"圣之任者"的伊尹,与"圣之时者"的孔子在才能禀赋方面终究是不同的,为什么却都可以称为圣人呢?

这个问题的背后,其实隐含着另一个问题:我们这些凡夫俗子在才能禀赋方面,跟伯夷、伊尹、孔子相比,相差不能以道里计,如何就能成就圣人?恐怕是一辈子也做不到的吧!于是,阳明就以"精金"为喻,苦口婆心地说了这么一通话。

这一大通话的要点就在最后一段话:以足色而不以分两论精金,以纯理而不以才力论圣人。话说到这里还没有完,阳明还联系实际,大发感慨,他说:后世的人们不知成就圣人的根本在于纯乎天理,却专门去知识才能上追求成圣,以为圣人是无所不知、无所不能的,所以我也必须像圣人那样,对所有知识才能都要逐一理会,殚精竭虑,整天从书本上钻研、名物上考证、形迹上比拟,却不在天理上着手下工夫,最终导致知识愈广而人欲愈滋,才力愈多而天理愈蔽。这种人看见他人有万镒精金,心里就发痒,却不在自己身上努力锻炼去提高成色,只是一味地斤斤计较分两的多少,一定要达到他人一样的万镒，不管其中掺杂了多少锡、铅、铜、铁。导致的结果就是，分两愈增而成色愈下，直到最后，连一点成色的金子都消失殆尽了。

这个"精金喻圣"讲了一通大道理，意思很明确，不用我们再作分析。总起来说，阳明的意图是，人人有"足色"之金（喻指良知本体），"故曰'人皆可以为尧、舜'"。

因此，我们学习圣人，不是去跟圣人比拼知识才能的多寡，重要的是，如何使得自己的"足色"之金能永远保持不变，这才是人们应当不断努力的。

不过，各个圣人之间的才力确实是有大小不同的，就好比金的分两有轻重。比方说尧、舜有万镒（按，"镒"为古代重量单位，合二十两，一说二十四两），文王、孔子有九千镒，禹、汤、武王有七八千镒，而伯夷、伊尹则只有四五千镒，他们的分两虽不同，但同样纯乎天理，所以说同样都是圣人。这就好比精金，分两虽不同但同样都是足色，所以都可称为精金。

因此说，精金要看是否足色，而不是看分两。同理，圣人要看是否纯乎天理，而不是看才力多寡。

但是这个比喻在王门弟子中还是引起了一些小小的争议。有的弟子就是不服为什么把尧、舜喻为万镒，却把大成至圣的孔子喻为九千镒？

阳明非常严厉地斥责,认为这是从身体立场想问题("躯壳上起念"),而没有用脑子。(《传习录》中,一〇七)

这一批评,还是未能让有些弟子彻底服气。有一位叫童克刚的弟子又说"虽有躯壳起念之说,终是不能释然"。对此,阳明唯有深感无奈,叹息道:"早知如此起辨生疑,当时便多说这一千也得。今不自锻炼金之程(成)色,只是问他人金之轻重。奈何!"(《传习录拾遗》,三七)

看来,在阳明门人中,像我们一般的凡夫俗子还真不少。阳明的回答已不用多说,大旨没有超出上述"精金喻圣"的义理范围。

在此,还须补充的是,阳明以下一段话对于回答上述问题非常贴切,可视作点睛之笔。阳明认为,我们所谓的圣人,只论精金是否精粹纯一,而不论其分两上的多寡。……若能去除掉斤斤计较之心,各人就其自己的力量精神尽量发挥,并只在自己的纯粹心地及天理上着实用功,那么,精金就是人人自有、个个圆成的,是人人无不具足的,更不须羡慕外人。(《传习录》上,一〇七)

总之,我们每一个人都有足色精金,我们每一个人都有现成良知。

人人心中有圣人

个个人心有仲尼。

(《王阳明全集》卷二十《咏良知四首示诸生》)

心之良知是谓圣。

(《王阳明全集》卷六《书魏师孟卷·乙酉》)

千圣皆过影,良知乃吾师。

(《王阳明全集》卷二十《长生》)

译文:

每个人的心中都有孔子。

心中的良知才称得上圣人。

无数圣人都是浮光掠影,良知才是我的老师。

阳明在十二岁时便立志做"圣贤"。三十七岁"龙场悟道"之后，阳明陆续提出了一系列心学命题："心即理""知行合一""致良知"。特别是"致良知"命题的提出，标志着阳明思想体系的最终完成。

　　自此以往，"致良知"或"良知"几乎成了阳明的口头禅。尤为重要的是，阳明将"良知"视作人生的一种"导师"，甚至直接将"良知"说成是心中的"圣人"。换言之，圣人就在心中，好比说良知就在心中。

　　所以阳明既有"个个人心有仲尼"之说，又有"心之良知是谓圣"之说。可见，孔子既是"良知"的代名词，同时圣人也是"良知"的代名词。

　　于是，在阳明良知心学的思想系统当中，孔子并不是公元前五世纪的那位有血有肉的"活孔子"，也不是在山东孔庙祭奠着的带有各种名号的"假孔子"，而是活在我们每一个人心中的精神意义上的"真孔子"。按阳明的想法，"良知"是永存的、不会泯灭的，所以，作为儒学精神之象征符号的"孔子"或者"圣人"也是永远存在的。

阳明的这个思想告诉我们,每个人都有成为"圣人"的内在依据及其潜在可能,都有可能成就"人伦之至"的道德主义理想人格。

孔子本身离开阳明的那个时代已有两千年,人死不能复生,但是以孔子为代表的思想精神及其理想人格却是永恒的,将永远激励和引导我们人生的未来走向。所谓"千圣皆过影,良知乃吾师",便是这个意思。

诚然,在当今文化日趋多元的社会,我们或许不必再提"个个人心有仲尼",但是即便在当下时代的背景当中,不断追求并努力实现以道德性命为根基的理想人格,却仍然有着至关重要的现实意义。

道理至为简单,只要我们还相信人拥有"良知",做事要凭"良知",并在生活中时刻实践"良知",那么,我们就一定能过上一种有道德的生活,成为一个有道德的人。

满街人都是圣人

见满街人都是圣人。

（《传习录》下，三一三）

译文：

看见满街的人都是圣人。

在《传习录》当中有一句传世名言即"满街人都是圣人"，这句话虽然不是出自阳明之口，但却是阳明所认同的。

说起来，关于这句传世名言，有两段故事。

有一天，阳明晚期大弟子王艮出外游玩，回来后碰到阳明。阳明问他有何观感？王艮对曰："见满街人都是圣人。"阳明却说"你看满街人是圣人"，我不相信。在我看来，应当反过来说，"满街人倒看你是圣人"。阳明在这里用了一点揶揄的语气，是在批评王艮平日里一副张狂的样子，意在敲打王艮，使他收敛一点。

又有一天，阳明的另一位弟子董沄也出游而归，碰到阳明，马上露出一副惊讶的样子。对阳明说："今天遇到了一桩怪事。"阳明问："什么怪事？"董沄答曰："见满街人都是圣人。"阳明笑曰："这是再平常不过的事了，何足为怪！"这是说，阳明很赞赏董沄终于明白了这层道理。

对同一件事，对不同的人，阳明的回答不同，王门弟子普遍认为这是阳明懂得因材施教的道理。所以才说，阳明的语言最能"锻炼人"，只要一句话，就能"感人最深"。当然，事实也的确如此。

然而在我们看来，或许还是要问一个问题：究竟是什么原因，可以判断说"满街人都是圣人"？这可从两方面来看。

一方面对阳明而言，满街圣人不是一时兴起而随便说说的，当是有一定的思想深度的。当阳明批评王艮所见，批评其自以为圣人的一种偏执孤傲之见，这就表明阳明对于满街圣人说是有所警觉的。这其中透露出阳明的一个重要想法：一方面必须树立起良知具足、时刻圆满的信心，同时也要切忌自以为是的那种狂妄自大癖。这是因为良知具足，并不意味着人在现实日常生活中，就可置"致良知"工夫于不顾。

另一方面，当阳明说满街圣人"此亦常事"，这显然是从"良知见在"这一良知本体论的理论立场而言的。从这一预设立场看，"个个人心有仲尼""心之良知是谓圣"，乃是不容置疑的事实，而非某种理论假设。但是若从现实的人心状况看，"有仲尼"并不等于说"是仲尼"，这层义理上的分殊，对于阳明而言，也是相当重要的。

也正由此，阳明一方面会说"良知良能，愚夫愚妇与圣人同"，但是另一方面又要强调"但惟圣人能致其良知，而愚夫愚妇不能致，此圣愚之所由分也"。(《传习录》中，一三九)可见，从"良知见在"这一存在事实看，圣愚完全是一致的。但从现实的角度看，由于"致良知"工夫的程度有差异，所以圣愚又不全然是一致的。

由此看来，"满街人都是圣人"，这是就本体而言，是说满街人都具有"见在良知"，所以可以说他们都是当下的圣人。

若就工夫而言,如果不能时刻保住人心中的圣人本质,那么这一心中的圣人就会堕落为愚蠢之人。圣愚之分的关键就在这里。而儒家常说"百姓日用而不知",其缘由也在这里。

晚明关中学者冯从吾对"满街圣人"说有一分析,颇有见地,值得参考。他指出:满街圣人"是论本体,非论功夫;是论大家,非论自己。若不下功夫,而自家便认做圣人,则病狂甚矣"(《冯少墟集》卷十五《答朱平涵同年》)。不过这也正是阳明所预料的、所担忧的。

若抛开理论上的纠缠,就"满街人都是圣人"这一表述本身来看,不容置疑的是,这是阳明心学将圣人等外在理想人格内化为人心良知,对当时人们的观念所造成的冲击与鼓舞或许是无法用语言来形容的。

由此,圣人已不再是远离现实、仅存于历史中的抽象人格,而是活生生地存在于人们心中的本来面目。同理,良知也不再是一种抽象概念,它是活生生的当下存在,而且是每个人都可实现的精神境界。

万物一体

夫圣人之心，以天地万物为一体。

（《传习录》中，一四二）

译文：

圣人的心，与天地万物为一体。

晚明大儒刘宗周盛赞王阳明的《拔本塞源论》是孟子以后"仅见此篇"的大手笔，从中可见阳明"先生一腔真血脉，洞彻万古"。(《刘宗周全集》第5册《阳明传信录》二)

"拔本塞原"一词见《左传·昭公九年》，"原"通"源"；原意为拔起树根，塞住水源，比喻防患除害要从根本上着手。阳明这篇《拔本塞源论》长达二千余字，纵论古今，气势磅礴。

在此段文字中，阳明一上来就这样说道："夫'拔本塞源'之论不明于天下，则天下之学圣人者将日繁日难，斯人沦于禽兽夷狄，而犹自以为圣人之学。"这气势便让人翘首以待。似乎儒家圣人之学要等到阳明的这篇《拔本塞源论》出来以后，才会重见天日，而目前世人的状况则是沦落于"禽兽夷狄"而不自知。

阳明说其学说虽然能够使得天下暂明于一时，但也终将无力回天。这是阳明的自谦之词。事实上，他的真实想法是，如果世人能够坚信《拔本塞源论》所揭示的道理并付诸行动,这天下尚可得救。

那么,这篇文字揭示了什么道理呢?

首先,阳明从儒家圣学的角度,揭示了万物一体的重要观念。他指出:"夫圣人之心,以天地万物为一体",圣人"是以推其天地万物一体之仁以教天下",天底下所有人的心体都是一样的,人人都相信"同心一德""一家之亲",真正做到"有以全其万物一体之仁",没有"人己之分,物我之间",一门心思恢复"心体之同然",不受"知识技能"的迷惑,这就是中国上古时代的理想"三代"社会。而在阳明的想象中,这样的"三代"社会就是万物一体的社会,也是"心学纯明"的时代。

那么,这个"心学纯明"的理想社会是在什么时候开始堕落蜕变的呢?

阳明指出,那是经历了"三代之衰"(前春秋时代)、"孔孟既没"(春秋战国)、"圣学既远"(汉魏唐宋)以及"盖至于今"(阳明生活的时代)这样一个长久痛苦的历程。

各个时代的病灶不同,由汉及宋的病灶表现为:训诂之学、记诵之学、词章之学泛滥成灾,佛老之说、功利之习大行其道,而世人不复知有圣人之学。及至当今之世,"功利之毒"已经"沦浃于人之心髓",人与人之间相矜、相轧、相争、相高、相取于知识、权势、私利、技能、声誉,简直就是私欲流行、暗无天日的时代,人己物我完全割裂,和谐共生的精神更是丧失殆尽。(《传习录》中,一四三)

可以看出,在阳明的表述中,理想社会是充满着历史和现实的批判精神的。

在这个意义上,可以说,阳明所欲努力建构的以"心学纯明"为标志的万物一体的理想社会,是建筑在社会批判理论之上的。如果没有对现实的批判和对历史的反省,在阳明看来,未来的理想社会就无法重建。

呼唤"豪杰之士"

所幸天理之在人心,终有所不可泯,而良知之明,万古一日,则其闻吾"拔本塞源"之论,必有恻然而悲、戚然而痛、愤然而起,沛然若决江河而有所不可御者矣!非夫豪杰之士无所待而兴起者,吾谁与望乎?

（《传习录》中,一四三）

译文:

庆幸的是天理自在人心,终究不可泯灭,而良知的光明,犹如万古之一日,倘若听到我的"拔本塞源"之论,必有恻然而悲、戚然而痛、愤然而起的人们涌现,其势若江河决堤而不可阻挡!若不是无须等待,自会奋勇而起的豪杰之士,我又有谁可以期望呢?

无疑,圣人、君子是儒家的理想人格,但豪杰之士也颇受众多儒家学者的关注。

在《孟子》这部儒家经典中,有两个地方出现过有关"豪杰之士"的描述。一处讲了楚国人陈良的故事,说他虽出身南方,而游学于北方,喜欢"周公、仲尼之道",立志"用夏变夷",故称得上是"豪杰之士",这是孟子心目中才智过人的勇士。(《滕文公上》)另一处,孟子则直接阐述他心目中的豪杰之士应当是才智过人、奋勇而起的勇士,他说:等待文王然后奋发向上者,这是庸常之人;倘若是豪杰之士,则虽无文王而犹自奋勇而起。(《尽心上》)可见,豪杰之士还必须具备独立之精神。

王阳明也喜欢豪杰之士,也曾以豪杰自许,并深深地盼望着当代有更多的豪杰之士奋勇而起,与他一起以心学思想为武器来改变这个世界,这是出现在《拔本塞源论》末尾的发自肺腑的一段描述。

在这篇雄文中阳明一连用了三次"呜呼",最后感叹道:士生斯世,当如何求圣人之学乎！当如何论圣人之学乎！士生斯世而欲为学，必将有许多劳苦繁难而能不畏艰险乎！令人庆幸的是，天理之在人心，终不可泯灭，良知之光明，如同万古一日。

因此，只要听阳明的"拔本塞源"之论，必将有"恻然而悲""戚然而痛""愤然而起"的豪杰之士。最后阳明道出了悲壮宏愿："非夫豪杰之士无所待而兴起者，吾谁与望乎！"

这句话所透露出来的思想精神颇类似于孔子的"吾非斯人之徒与而谁与！"（《论语·微子》）这就是儒学传统的人文主义精神、斯文担当精神。

不过在阳明，"斯人之徒"已有了特定的内涵，是指那些用良知理论武装起来的、勇于担当拯救社会之重任的"豪杰之士"。

　　根据阳明的描述,尽管"当今之世"已是私欲流行、沦为禽兽而不自知的黑暗时代,但是他依然深信良知之在人心,犹如太阳之在天空,那是永远不会磨灭的。就像我们常会在弱者得到救助之际,喃喃自语"人总是有良心的"一样,这就是心学的一种信仰的力量。

　　也正由此,不仅孟子的时代有豪杰之士,在阳明的时代,他也深信豪杰之士是必然存在的。而一旦等到豪杰之士奋勇而起,必将若江河决堤,势不可挡!

　　最终,社会上的一切丑恶势力、昏暗现象都将被消灭铲除,万物一体、彼此关爱、和谐共生的理想社会终将到来。

狂者胸次

> 狂者志存古人，一切纷嚣俗染，举不足以累其心，真有凤凰翔于千仞之意。一克念，即圣人矣。

（《传习录拾遗》，四）

译文：

　　狂人以古代圣人为其志向，一切世俗纷扰都不能够牵累他的心，真是有凤凰舞于九天的无拘无束的意境。一旦克除杂念，就是圣人了。

一日，阳明与弟子薛侃（字尚谦）、邹守益（字谦之）、马明衡（字子莘）、王艮（字汝止）、黄宗明（字诚甫）同坐，五位弟子向阳明请教乡愿与狂者的区别。

　　自然，阳明是批评乡愿，认为乡愿貌似君子，其实是小人。

　　但狂者却能在"纷嚣俗染"的社会环境中坚定良心、护佑良知，卓尔不群，勇于担当，不与世俗同流合污。

　　狂者就是豪杰之士，能够挺然独立，不屈不挠，既有君子之德操，亦有君子之容貌仪形。

　　"狂"，见孔子所言："不得中行而与之，必也狂狷乎！狂者进取，狷者有所不为也。"（《论语·子路》）狂者有进取精神，狷者则有所不为。

　　可以说，狂者往往有高远的志向和勇猛无畏的精神品质，孔子亦赞许狂者"进取"。阳明显然赞同孔子对狂者的肯定态度，赞许狂者能够特立独行、超脱俗见，拥有自我主宰、自觉自信的人格魅力，无疑是人人都有的"真己""真我"的体现。

　　阳明进一步指出，狂者"一克念，即圣人矣"，也就是说，需要再加以克念之功，狂者才能达到圣人的境界。这里的"克念"工夫，不仅意味着狂者一往直前的进取精神，更是指狂者在道德行为上体现为对私欲习气勇于省察克治、自我改进和自我提升的实践精神。

而阳明自身无疑就是一位狂者。他在思想上从"遍求百家""出入佛老"到提出"心即理""知行合一""致良知",可以说做到了不以孔子之是非为是非,在朱子学为官学的背景下,敢于批评朱子而坚持自己的观点、立场。在政治生活上,他经历"百死千难"的磨炼。可以说,他在为官从政方面,既可以勇于担当,又能够急流勇退,不以世俗的功名利禄为念。

　　阳明晚年曾言自己在南京以前,尚有乡愿的意思,但后来只是"信良知真是真非处,更无掩藏回护,才做得狂者"。(《王阳明全集》卷三十四《年谱三》)从中可以看出,阳明对良知的信心,亦可见其对自己能做得狂者的那份喜悦。

　　嘉靖三年(1524),八月中秋之夜,阳明五十三岁,在绍兴天泉桥碧霞池边与门人夜宴赏月。此时,月白如昼,阳明命侍者设席于碧霞池上,门人在侍者百余人。酒半酣,歌声渐动。久之,或投壶聚算,或击鼓,或泛舟。阳明见诸生如此开怀高兴,退而作诗,有"铿然舍瑟春风里,点也虽狂得我情"(《王阳明全集》卷二十《月夜二首》其二)之句。由此诗句亦可见,阳明对狂者胸次的欣赏之情。

"一体之仁"如何实现？

大人者，以天地万物为一体者也，其视天下犹一家，中国犹一人焉。

(《王阳明全集》卷二十六《大学问》)

译文：

　　大人者，将天地万物看作一个整体，将天下看作一家，将中国看作一人。

王阳明有一部重要的著作《大学问》，这是一部围绕《大学》问题的问答体著作，采用的是自问自答的方式,阐发了阳明晚年有关《大学》经典的重要看法。

一方面,阳明以万物一体论来解释《大学》,另一方面又以《大学》经典的义理来阐释万物一体论。其中贯穿的一个主题是："一体之仁"如何实现。

在《大学问》中,阳明赞同《大学》一书的旨意就是"大人之学",这是朱熹《大学章句》中的观点,可以说是宋明理学的通义、共识。

然而阳明的新意在于,他进而指出所谓"大人者",乃是"以天地万物为一体者也",这是阳明的独创。

在阳明看来,以"大人"的胸怀来审视天下和中国,其结果将是"天下一家""中国一人"(《礼记·礼运》《孔子家语》卷七等)。这里的"天下"原本指中国,但也可作广义来理解,即指整个世界或地球。

换言之,整个世界就是一个大家庭,整个中国就是世界这个大家庭中的一员。这就是阳明心目中的构建全世界"一体之仁"的真实图像。

阳明进而强调"大人之能以天地万物为一体也",这不是"意之"的自我认知推论的结果,而是大人"其心之仁本若是,其与天地万物而为一也"的缘故。意思是说,"大人"之所以能与万物同体,原因就在于"大人"之心体为仁。

显然阳明的思路很明确,他是从心之本体这一角度来阐释"大人"能"以天地万物为一体"的缘由。

重要的是,"岂惟大人,虽小人之心亦莫不然",意思是心体之仁是普遍的,大人和小人原无差别,都是圆满具足的。

正是由于人人怀有"一体之仁",所以"见孺子之入井""见鸟兽之哀鸣觳觫""见草木之摧折""见瓦石之毁坏",我们就都能油然生起一股恻隐之心、不忍之心、悯恤之心、顾惜之心,这些同情共感之所以可能,都是源自人的"一体之仁",亦即与对象合为一体的仁心。

一句话,从人类到动物、植物,一直到既无"知觉"又无"生意"的瓦石之类的物质,"一体之仁"都能贯通。

这是因为所有的存在都是与人的生命存在休戚相关的,都表现出"一体之仁"生生不息的特征,而"一体之仁"乃是"根于天命之性而自然灵昭不昧者也,是故谓之'明德'"。

由此可见,所谓"一体之仁"亦即"明德",而所谓"自然灵昭不昧",在阳明特指"良知"而言,所以说"一体之仁"又是"良知"。

至此我们终于了解阳明再三强调的万物"一体之仁"的社会得以最终实现的根据,无非就是他的良知学说。

而他理想中的"一体之仁"的社会蓝图既是人与人、人与社会、人与自然、人与一切存在的和谐共生,更是包含着最终实现整个天下和中国都是同一个命运共同体中的成员这一宏大愿景。

大同社会的实现

今诚得豪杰同志之士扶持匡翼，共明良知之学于天下，使天下之人皆知自致其良知，以相安相养，去其自私自利之蔽，一洗谗妒胜忿之习，以济于大同。

（《传习录》中，一八三）

译文：

　　现在若真能得到豪杰之士、志向相同之士来扶持、匡正辅佐，共同将良知之学昌明于天下，使得天下人都知道自能做致良知工夫，彼此相安相养，去除其自私自利的弊病，一洗其谗言、妒忌、好胜、易怒的习性，就能实现大同社会。

在阳明的心目中,豪杰之士同时又是志向相同之士,所以阳明有时又称"豪杰同志之士",他们才是发扬心学、传播良知、重建秩序,以实现大同社会的一股有生力量。

首先,阳明要为"豪杰同志之士"建立起一种思想学术上的信心。阳明认为他所阐发的"天地万物一体之仁"的思想以及良知之学,能彻底扭转学术与人心的错误走向,端正人们的知识取向以及价值取向,进而改变社会、政治、文化等各方面的失序状态,以实现人与社会和谐共存的理想状态。

就在《拔本塞源论》写好后的一年,阳明在给弟子的书信中,又一次集中阐述了如何实现万物一体的问题。其论述角度虽有不同,但其核心思想是有连贯性的,最终指向理想社会重建的问题。

阳明在这封给聂文蔚的信中将论述重点不再放在恢复其心体之同然的心学与追逐外在知识的支离之学之间的本末同异之辩,而是更为突出地强调了良知之学与圣人之治的必然关联。"良知"概念的高频率出现尤为瞩目,这表明"良知"才是圣人之治得以实现的最终依据。

值得注意的是,阳明对于他人斥其为"丧心病狂"并不推辞。相反,他表达了这样一个信念:只要当今之世尚有"丧心病狂"者在,那么他自甘充当"狂病"的角色,以拯救天下"丧心之患"者为己任,以"共明良知之学于天下""以济于大同"

为毕生志愿。

由此可以看出，阳明良知学所指向的"天地万物为一体"的终极理想具有强烈的政治文化意义。

那么，在阳明的心目中，"天下万物为一体"的理想社会又是怎样的呢？

阳明认为，上古之世，人人都坚信良知无间于圣愚，"世之君子惟务致其良知"，而"致其良知"就"自能公是非，同好恶，视人犹己，视国犹家，而以天地万物为一体"，其结果必然是"求天下无治，不可得矣"。也就是说，良知并不是一己之私的存在，更是一种普遍的社会存在。从社会治理的角度看，则须要上层统治者的君子由自我的精神修养做起，最终实现"外王"理想。显然，阳明是把良知之学看作是实现万物一体之治的观念依据。

阳明在论述过程中，以孔子在当时颇遭世人冷遇为例，与自己发明"良知"之后亦遭世人诽谤的情形相比附，很值得关注。

他指出尽管"当时之不信夫子者，岂特十之二三而已乎"，然而孔子却能以"汲汲遑遑""不暇于暖席"的精神坦然应对，其原因便在于孔子怀有"天地万物一体之仁"，因此如果"非诚以天地万物为一体者，孰能以知夫子之心乎"？至此已很明显,阳明旨在揭示并强调"天地万物一体之仁"正是孔子以来儒学传统的根本精神,这一精神又表现为"吾非斯人之徒与而谁与"的人文关怀。(以上引自《传习录》中,一七九至一八三)

在此,还需要指出,阳明将自己的时代与孔子的时代相比较,给人以一种强烈的观念上的冲击,明代中叶简直与春秋战国时代相仿佛,于是万物一体完全可以从孔子的时代找到精神根源。

可以说,在阳明的观念中,万物一体之仁,不仅仅是一种理论预设,更是儒学传统中具有普世意义的价值观,而其思想源头就在孔子。所以他坚信,万物一体的观念正是建构大同社会的力量源泉,也是儒学主张担当社会、重建秩序的精神资源。同时,在阳明看来,万物一体论是良知心体的必然要求,其理论根据就在于"良知"。

归结而言,万物一体论既是一种理论预设,更是一种行为方式,以及一种社会实践理论,其最终指向在于建构"他人之疾痛即我之疾痛"这一共生共感的理想世界。

阳明坚信,大同社会必定会实现!

四句教

无善无恶是心之体，有善有恶是意之动，知善知恶是良知，为善去恶是格物。

（《传习录》下，三一五）

无善无恶者心也，有善有恶者意也，知善知恶者良知也，为善去恶者格物也。

（《王阳明全集》卷四十《稽山承语》）

译文：

无善无恶是心的本体，有善有恶是意的发动，知善知恶是良知，为善去恶是格物。

无善无恶者是心，有善有恶者是意，知善知恶者是良知，为善去恶者是格物。

阳明晚年,准确地说是在嘉靖六年(1527)九月,即在他去世前一年,提出了"四句教"的定见。当时这一场讨论,地点在天泉桥,故史称"天泉证道"。

　　这四句话特别是第一句"无善无恶是心之体",引起了后世特别是晚明清初一些学者的非议,以至于明末大儒刘宗周不敢相信阳明会说出此类有悖儒学常识的话头,于是怀疑很有可能是其弟子王畿(字汝中)的"杜撰"。

　　当然现在根据《稽山承语》等提供的阳明佚文,可以确证阳明生前确有"四句教",此当别论。

　　上面提到有悖儒学常识,还需慢慢道来。我们知道,在中国思想史上,先秦时代的人性学说主要以三种为代表:孟子的性善说、荀子的性恶说以及告子的性无善无不善说——又称无善无恶说。告子的人性说是被孟子所痛骂的,在儒学史上是被视为异端的学说,此毋庸赘言。

　　又如,在佛学史上,提倡无善无恶的亦大有人在,唐代六祖慧能便有"不思善,不思恶"之言论,儒者以为这便是佛家典型的无善无恶说。

　　现在阳明"四句教"中上来第一句便说"无善无恶心之体",岂不是明目张胆地主张无善无恶说吗? 于是,麻烦就来了。

那么，我们究竟应该如何理解呢？阳明自己曾一再表示"良知是心之本体"，"至善者，心之本体"。也就是说，良知本体是一有价值意义的本体存在。那么为什么又说"心之体"是无善无恶的呢？"无善无恶心之体"又是在什么意义上成立的呢？

的确，从字面上看，无善无恶是对善恶的否定，而善恶是指向伦理道德的，因此无善无恶便是对伦理意义上的善恶的否定。而由此否定，极可能导致的一个结果，就是作为道德本体的良知心体变成了无确定意义的、无价值的、无善恶的存在。果真如此的话，阳明此说不啻石破天惊之论！那么，阳明之意是否果真如此呢？答案自然是否定的。

其实，无善无恶可以有两种理解方式：一种是即伦理而言，一种是超伦理而言。所谓"即伦理而言"，就是上述那种将无善无恶直接看作是对伦理的具体的善的否定。所谓"超伦理而言"，意谓无善无恶是一种语言修辞学的问题，并不表示所言之对象不具有伦理意义的善或恶。具体地说，由于"心之体"是一超越层的概念，在此意义上，心体本身已超越任何现象层的相对性，因此无法用有限的语言概念来表述或定义。这一超越层的无善无恶义是对现实的、经验的善恶相对义的否定。

同时，从哲学上看，凡是超越的、绝对的存在——如天理、天性、天命,其本质必然为善,因此超越层的无善无恶之心体,又是绝对至善的。

这种思考方式在中国思想史尤其是宋明理学史上很常见,程朱理学的"性即理"说便是如此,理为绝对,性即理也,故性为至善,然我们却不能追问何以性、理为至善。朱熹也意识到这层道理,所以他明确指出"性不可说"(《朱子语类》卷五十九)、"性无定形,不可言"(同上)、"不容说处即性之本体"(《朱子文集》卷四十六《答黄商伯》)。可见,朱熹也意识到日常语言的有限性问题,只是他并不采用"无"这一遮诠方式来表出这层涵义。

要之,从语义分析的角度看,阳明"无善无恶心之体"正是其形上学的一种遮诠方式的表述。换言之,无善无恶,正是表达心体的绝对至善。因此阳明又有"无善无恶是谓至善"说。而王畿对无善无恶的诠释思路亦复如是,他说:"善与恶,相对待之义。无善无恶是谓至善。至善者,心之本体也。"(《王畿集》卷五《云门问答》)这应当说是对"四句教"首句的一个正解、确解。

阳明在出征思、田之际,出发经过严滩,钱德洪、王畿追送至此。阳明阐发"有心俱是实,无心俱是幻。无心俱是实,有心俱是幻"(《传习录》下,三三七),史称"严滩问答"。这一次不仅是"天泉证道"的继续,而且具有定论的意义。可以说,在严滩四句中,阳明不是把"无",而是把"有"放在首要地位,体现出阳明关于"有无"问题的思考,是以"有"为实体,以"无"为功用。

如此一来,有与无或者说有心与无心,就不再是佛教或老子哲学意义上的空、无或假有,而是强调在儒家的立场上实现两者的统一,而这种统一既表现为工夫境界层面的"有无合一",同时也是心体(本来意义层面上)的"有无合一"。

总体来说,阳明的无善无恶不是指伦理学意义上的人性讨论,这一点应是明确的。当阳明说本无善恶,是就心体而言,是心学本体论意义上的一种阐发,就好像说"良知本体原来无有"那样,是就心体本质状态而言的。另一方面,正是由于超越了一切善恶的对峙状态,淘空一切念虑的杂质,排除一切意识的干扰,故说无善无恶乃是真正意义上的绝对善——"是谓至善"。

那么,阳明的无善无恶说,有何理论意义呢?事实上,阳明哲学的"无"并不拒斥"有"。相反,阳明从儒家的立场出发,对于历史文化的价值观念以及人伦社会的道德观念之"有",无疑是充分肯定的。也就是说,"无"绝不是要冲破儒学的伦理秩序、价值体系。

阳明强调"无善无恶心之体",最终要证成的道理是:为学工夫须"一循于理""循其良知",而不能有任何"执着""着意",是要求人们的道德意识必须依循于本体,而不滞于世俗一切"有"。我们只有按照这样的理路,才能真切地了解"无善无恶心之体"的理论内涵及其意义。

观花除草与为善去恶

无善无恶者理之静，有善有恶者气之动。不动于气，即无善无恶，是谓至善。

（《传习录》上，一〇一）

译文：
　　无善无恶是天理的静止状态，有善有恶是气的发动状态。不动于气，就是无善无恶，就可以称为至善。

为了进一步了解"无善无恶心之体",我们有必要来细细体会一下阳明与其弟子薛侃的一场思想对话。这场对话的全文很长,以下摘其主要者,选录如下:

薛侃一边除花间杂草,一边问阳明:"天地之间何以善难以培养,恶难以去除?"

阳明答:"只是由于未去做培养、去除之工夫。"

过了一会儿,阳明又说:"从这种角度看善恶,这叫作从身体角度出发想问题,便会产生错误。"

薛侃一时没有明白过来。阳明继而说道:"天地生意无穷,花草都是一般无异的,哪里有善恶之分? 当你想欣赏花的时候,便以花为善,以草为恶。而当你想使用草的时候,又会以草为善。这等所谓的善恶都是由你心中意识的好恶所生,故认知是错误的。"

薛侃进而问道:"然而是说无善无恶吗?"

阳明答曰:"无善无恶是天理的静止状态,有善有恶是气的发动状态。不动于气,就是无善无恶,就可以称为至善。"

薛侃问:"佛家也说无善无恶,有什么区别呢?"

阳明说:"佛家只是执定在无善无恶这一点上,天下事物是一切都不管,所以不可以治理天下。我们儒家圣人的无善无恶,只是《尚书》所说的'无有作好''无有作恶'一般,不为气所动。如果遵循先王之道，到达极致，便自然能依循天理，便能'裁成天地之道，辅助天地之宜'。"

薛侃进而问："草既然不恶，那么草就不应除掉。"

阳明说："这却是佛、老的意见。草如果有妨碍，去之何妨?"

薛侃问："这样的话，却不是有所作好作恶吗?"

阳明答："不作好恶，不是说全然没有好恶之心，那就像是没有知觉的人。所谓'不作'，只是说将人的好恶完全遵循着理去做，而又不着一分自己的意思。这样的话，也就等于不曾好恶一般。"

薛侃问："那么，去草又如何做到完全遵循着理去做，而又不着一分自己的意思呢?"

阳明答："草如果有所妨碍，按理可以除掉，就去掉而已。即便有些没有去掉，也不连累己心。如果着了一分意思，那么心体就会受累，便会有许多气的发动。"

薛侃接着追问："然而善恶完全不在物吗?"

阳明断然回答："善恶只在汝心，循理而动便是善，随气而动便是恶。"

薛侃又问："毕竟可以说物无善恶吗?"

阳明答道:"在心如此,在物亦然。世间儒者由于不知道这一点,所以舍心逐物,将格物之学错看了,整天围着物转,只是做得向外取义,终身不能明察自己的行为和习性。"

薛侃问:"《大学》所说的'如好好色,如恶恶臭',这句话怎么样?"

阳明答:"这正是指一循于理,这是天理合当如此,本来没有私意去作好作恶。"

薛侃问:"'如好好色,如恶恶臭',怎么能够做到非意呢?"

阳明答:"这个却是诚意,而不是私意。诚意工夫只是一循于天理,虽然循于天理而又着不得一分意思。"

阳明的另一位弟子伯生在旁插话问道:"先生您说'草若有妨碍,理当去掉',为何又说这是从身体出发想问题?"

阳明最终答道:"这个须你心自己去体认。你要去草,是什么心?周茂叔窗前草不除,又是什么心?"(《传习录》上,一〇一)

这场对话之长,意思层层紧扣,在《传习录》中可谓绝无仅有,其中所蕴含的哲学意味非常丰富,对于我们了解阳明思想,至关重要。

这场对话的意思,大体已如上面译文所说,意思是很明确的。阳明所强调的一个思想宗旨就是：善恶在心而不在物，为善去恶就是一循于理而不作好、不作恶。

所以说，为善去恶的关键就在于如何摆正心态。阳明告诉我们，若要摆正心态，关键还要做到两点：一是要让心一循于理，而非动于气；同时又要不执着一分意思，一旦着意，就将不免偏于私意。

那么，为什么这两点很重要呢？因为一循于理，而不动于气，就能保持住心的无善无恶的本来状态，这叫作"心之本体原无一物"。

因此，阳明强调："心体上着不得一念留滞，就如眼着不得些子尘沙。些子能得几多？满眼便昏天黑地了。"（《传习录》下，三三五）正是因为心体上不能有一念留滞，无论此念是好念还是恶念，都不能存留。

可见，唯有无善无恶，才是我们破除执着意识的根据。这就是阳明再三强调善恶在心而不在物的缘由所在。

善恶只是一物

至善者心之本体。本体上才过当些子，便是恶了。不是有一个善，却又有一个恶来相对也。故善恶只是一物。

（《传习录》下，二二八）

译文：

至善是心的本体。本体上稍微过当，就是恶了。不是有一个善，再有一个恶来相对。所以说善恶只是一物。

按照一般常识，善恶之分恰如冰与炭，那么如何理解"善恶只是一物"这一命题？阳明的解释是"心之本体"是"至善"，"心之本体"上有过或不及，才产生恶。也就是说，恶是后起的，是至善或不足或过的结果，因此不能说"有一个善"就会"有一个恶"与之相对立。

　　本条涉及宋明理学史上颇有争议的人性善恶问题。程颢曾说："善固性也，然恶亦不可不谓之性也。"（《河南程氏遗书》卷一）这是宋明理学史上关于性善、性恶问题的重要文本。按照程颢的这一说法，善恶似乎都被归为"性"。问题在于我们如何理解这里前后的两个"性"字。按照朱熹《明道论性说》的解释，前者是指天命之性，后者是指气质之性。这是程朱理学家的解释套路，即人性二元论正可解释善恶两分。

　　然而，这是否符合程颢的本意呢？这需要结合他的另一段话来理解："善恶皆天理，谓之恶者本非恶，但于本性上过与不及之间耳。"（《河南程氏遗书》卷二）这段话究竟应当如何理解呢?

"吾学虽有所受,天理二字却是自家体贴出来"——这是程颢最为著名的言论,可谓是理学的思想宣言。"天理"作为理学的至上概念,成为理学的终极实体,也必然是绝对至善的。而不完美乃至恶的现象是后天的因素所致,或受习俗影响,或受气禀牵累。据此,我们不能说"善恶皆天理"。

事实上,程颢上述这段话中的所谓"天理"却有另解,意即合乎自然的道理,而不是指绝对实在的天理。基于此,程颢所谓"善恶皆天理",其意无非是说,善恶都是天底下理当如此、必不可少的现象。由此,恶的现象并不足以表明人性是恶的,只不过是因其表现出过与不及。可见,善恶现象是人性的一种外在表现,而不是内在的本质规定。

阳明所说的"善恶只是一物""本体上才过当些子,便是恶了"的观点,应该与程颢的上述观点是一致的。

还须要指出的是,阳明在这里强调恶

的根源不能到外面的物上去找,更不必从气质上去找,而要返回人心本身去挖掘。阳明的这个观点无疑是深刻的,杜绝了总是以为恶的现象是出于某种客观原因或外在因素,而不愿从自己身上或内心深处去寻找根源的观念。

"人生而静"以上不可说

"生之谓性","生"字即是"气"字,犹言气即是性也。气即是性,"人生而静"以上不容说,才说气即是性,即已落在一边,不是性之本原矣。孟子"性善",是从本原上说。然性善之端须在气上始见得,若无气,亦无可见矣。恻隐、羞恶、辞让、是非即是气。

(《传习录》中,一五〇)

译文:

　　"生之谓性"(告子语),"生"字就是"气"字,好比说气即是性。气即是性,"人生而静"以上不容说,才说气即是性时,即已落在气的一边了,不是性的本原了。孟子讲的"性善",是从本原上说的。然性善的端倪须在气上才能表现出来,如果没有气,也就无法展现。恻隐、羞恶、辞让、是非就是气。

"夫子之文章,可得而闻也;夫子之言性与天道,不可得而闻也。"(《论语·公冶长》)这是子贡说他老师孔子不讲性与天道的问题,至少不热心讲这些抽象问题。的确,《论语》一书讲"性"字只有一条"性相近也,习相远也"(《论语·阳货》)。性到底是善是恶,到底可说还是不可说,对诸如此类的问题,孔子论及不多。然而自孟子出来挑明性善说以后,儒家的人性思想逐渐被定调为性善说。

但是,如果说人性本善,那么这世界上为何有那么多恶事?又为什么会有那么多坏人?也就是说,恶到底是从哪里来的?所以到了宋代以后,张载提出了"天命之性"和"气质之性"这两个概念,并为程、朱所继承。他们用前者来说明人性何以为善,用后者来解释人性可能为善,亦可能为恶。

到了二程(程颢、程颐)那里,他们更是用两句话来判定历史上各种人性学说的优劣长短:"论性不论气,不备;论气不论性,不明。"(《河南程氏遗书》卷六)朱熹很赞赏这句话,认为前者是指孟子,后者是指荀子。意思是说,孟子只讲性而不讲气,有所不备;而荀子只讲气而不讲性,有所不明。可见,宋代新儒家是要用新的理论标准来重新讨论人性问题,例如试图对告子"生之谓性"作重新评估便是其议题之一。

程颢曾指出:"'生之谓性',性即气,气即性,生之谓也。人生气禀,理有善恶。……善固性也,然恶亦不可不谓之性也。盖'生之谓性','人生而静'以上不容说,才说性时,便已不是性也。"(《河南程氏遗书》卷一)这段话素称难解,就连好学勤思的朱熹都感叹"极难看""难说"。在此,朱熹的解释暂且不论,我们且看阳明怎么解。

阳明指出:这个"生之谓性"的"生"字就是"气"字,这句话好比说"气即是性也",然而"'人生而静'以上不容说,才说气即是性,即已落在一边,不是性之本原矣",这是完全同意程颢的说法。其中"人生而静"这句话很重要,该语源自《礼记》,意谓人还未出生之前,那时人性还未形成,所以"不容说"。人们用语言一旦说出,就是"气即是性",这个"性"已落在气一边,已非本原意义上的"性"了。

阳明接着指出,即便孟子所说的"性善"是从"本原上说"的,但其善端也须"在气上始见得"。如果没有气,则性善也就不可见。由此推论,只要确实了解自己的本性,那么即便说"气即是性,性即是气"亦无妨,因为从根本上说,"原无性气之可分"。显然,阳明此说是就"人生而静"以下所说的,而非就"人生而静"以上说的。

重要的是,在阳明看来,若是"人生而静"以上,则是本原之性,原来是"不容说"的。当我们用语言表达出人性是什么时,这个人性已是混杂着气而言的。只有在这个意义上,才可说气即性、性即气、性气不可分。

基于上述立场，阳明对告子既有批评又有肯定。他说告子的"性无善无不善"，即便如此说，也没有什么大不了的错误。问题是告子太偏执，把"无善无不善"的性认定为"在内"，把有善有恶看作是"物感"，这样一来，便仿佛另有一物"在外"。这就将性"做两边看了，便会差"。阳明最终的结论是："无善无不善，性原是如此。悟得及时，只此一句便尽了，更无有内外之间。"（《传习录》下，二七三）阳明在另一处也指出告子的毛病只是认定一边，"不晓得头脑"，"若晓得头脑，如此说（按，指告子"生之谓性"）亦是"。（《传习录》下，二四二）

至此我们终于了解阳明在人性问题上有一根本性的看法，他继承的是"'人生而静'以上不容说"的立场，正是在这个意义上，阳明认为若要说本原之性，即便表述为性无善无不善，"亦无大差"。

要之，程颢是用"不容说"来表明拒斥本体问题的可表述性，而阳明则以"无"来表明拒斥本体问题的可表述性。换言之，阳明是用"无"来表达性之本体"不容说"。

显而易见，程颢、阳明等讨论的问题很严肃，也很重要，当阳明用无善无恶来表述时，仿佛是赞成性之本体不可说。但是归根结底，阳明毕竟是"说"了"不容说"。难道我们不可以说这正是阳明在人性问题上的一种思想智慧吗？

本体工夫

功夫不离本体,本体原无内外。只为后来做功夫的分了内外,失其本体了。如今正要讲明,功夫不要有内外,乃是本体功夫。

(《传习录》下,二〇四)

合着本体,方是工夫;做得工夫,方是本体。又曰:做得工夫,方见本体。又曰:做工夫的,便是本体。

(《王阳明全集》卷四十《稽山承语》)

译文:

功夫不能脱离本体,本体原来就没有内外之分。只是由于做功夫的人将内外区分开来了,就丧失了本体。现在正要讲明,功夫不要有内外之分,这才是本体功夫。

与本体相合的工夫才称得上是工夫,做得工夫才称得上是本体。又说:工夫切实,才能使本体呈现。又说:做工夫本身,就是本体。

"本体"与"工夫"，是自宋代新儒学以来就有的一对重要概念。在阳明心学的语言世界中，"本体"指"良知"，"工夫"指"致良知"，这是原则性的说法。

但是两者的关系如何，怎么将两者统一起来，却成了阳明心学乃至其后学的一个重要的前沿性哲学问题。

据阳明弟子王畿的说法，自从阳明先生提出本体工夫以后，几乎人人"皆能谈本体，说工夫"，本体工夫问题变得很时髦、很前沿。然而其实本体工夫问题需要分别清楚，可以从两个角度看：一是从圣人的角度看，叫作"即本体便是工夫"；一是从学者的角度看，则须用致良知工夫以复还本体，例如博学、审问、慎思、明辨、笃行的工夫缺一不可。（《王畿集》卷一《冲元会纪》）

这个说法透露出对本体工夫的关系有两种把握方式："即本体便是工夫""即工夫'复还本体'"。前者是聪明至极如圣人者才能做到，所以在这个芸芸众生的世界上可以忽略不计。后者则是普通百姓及至读书人都应努力从事的工夫。用阳明学的术语说，前者叫作"悟"，后者叫作"修"，所以本体工夫又成了悟与修，也就是顿教与渐教的关系问题。

例如我们可以把话题再拉回到当初提出"四句教"的那场"天泉证道"的辩论会，当时王畿不满阳明的"四句教"，认为从第一句"无善无恶心之体"，可进一步推论出"意""知""物"都是无善无恶的，史称"四无说"。关于其内容，这里不便细说。

重要的是，阳明怎么看待其弟子对其说法的批评。这问题说起来很复杂，就其要点而言，阳明指出这世界确实有一种"利根之人"即聪明绝顶之人，能够做到一悟本体即是工夫，此即上述王畿所说的"圣人"。另一类人则不免愚昧受蔽，所以须切实做工夫，然后使得本体"明尽"，此即上述王畿所说的"学者"（应包括普通人）。若用王畿的说法，前者叫作"即本体便是工夫"的顿悟之学，后者叫作"即工夫'复还本体'"的渐修之学。（《王畿集》卷一《天泉证道纪》）

不过,阳明仍然坚持自己的"四句教"一字不可更易,认为这才是彻上彻下的教法,是可以将上根之人及中根以下之人全部网罗在内的。

总体来看,围绕"四句教"发生的"天泉证道",其讨论的核心问题无非就是本体工夫的关系问题。究竟应从本体上"悟入"还是应从工夫"随处对治"以"复还本体",成为争论的焦点。

但不管怎么说,阳明的立场是始终一贯的,其实就是本体工夫合一论:两者不可偏废,也不可割裂。其理据就是本体是良知之本体,工夫就是"致良知"的工夫。

看来,这是阳明讨厌"分析"而喜欢"合一"的思想旨趣,在本体工夫关系问题上的典型体现。可以说,阳明的一元论思想旨趣在其晚年定论当中也表现得一览无遗。

讲学者犹如"媒人"

（讲学）譬之婚姻，聊为诸君之媒妁而已。乡里后进中有可言者，即与接引，此本分内事，勿谓不暇也。

（《王阳明全集》卷四《寄希渊·癸酉》）

译文：

（讲学）就好比婚姻，姑且为大家当"媒人"罢了。乡里后辈当中有可以交谈者，就与之接触引介，这是我们本分之内的事，不可说没有空闲。

"生年不满百,常怀千岁忧。"《论语·述而》记录了孔子有四大忧虑,其中之一就是"学之不讲"。阳明也引用了这个记载,指出"孔子犹曰'学之不讲,是吾忧也'",而对于当时学者在师友之间不讲学,却整天表现出一副冥顽自信的样子,表示这是非常可悲可哀的现象(《王阳明全集》卷四《寄希渊·癸酉》),因此他说:"天下首务,孰有急于讲学耶?"(《传习录拾遗》,十四)

事实上,阳明的"致良知教"既是一种理论学说,又是一场思想运动,与历史上其他形态的儒家学派略有不同。阳明学从其诞生之初起,就具有一个鲜明的特色,即将儒学从少数读书人的专利推向社会大众。

这场心学思想运动的主要方式就是讲学,而其表现形式有两种:一是同门朋友之间的互相讲学,以便建构起一种学派的认同意识;二是将讲学活动推向社会,作为唤醒人心、重整秩序的重要方法。

余英时对阳明学的发展有很深入的观察,他在《宋明理学与政治文化》中说:

(王阳明)是要通过唤醒每一个人的"良知"的方式,来达成"治天下"的目的。这可以说是儒家政治观念上一个划时代的转变,我们不妨称之为"觉民行道",与两千年来"得君行道"的方向恰恰相反。他的眼光不再投向上面的皇帝和朝廷,而是转注于下面的社会和平民。

的确，由阳明心学所主导的讲学运动充分表明中晚明的儒学转向于下层社会。

　　阳明一生热衷讲学，自"龙场悟道"后，至少有滁州、南京、江西、越州这四个讲学时期。阳明大弟子钱德洪称阳明"平生冒天下之非诋推陷，万死一生，遑遑然不忘讲学"（钱德洪《续刻传习录序》），这是钱德洪亲身观察的结论，当非虚言。

　　也正由此，阳明生前既已遭到时人非议，认为他于"文章""政事""气节""勋烈"四者都表现不错，若能"独除却讲学一节，即全人矣"。对此，阳明的表态很坚决，他说："某愿从事讲学一节，尽除却四者，亦无愧全人。"（邹守益《阳明先生文录序》）

　　更有趣的是，他甚至把讲学比喻为"婚姻"中的"媒妁"，力劝其门人弟子吸引乡里后进，互相讲学。在阳明看来，讲学既是吾人"本分内事"，也是吾人不可偏废的首要之务。

　　可以看出，阳明对于讲学抱有强烈的自觉意识，充分说明阳明自始就不认为他的心学理论只是一种书斋式的学问，相反，他是以心学昌明于天下作为自己一生的远大抱负，这也是他与天底下"豪杰同志之士"的共同期许。

　　因此在某种意义上可以说，阳明心学的思想展开过程就是一部讲学运动史，同时阳明心学作为一种学派得以建构起来，也与阳明及其后学积极推动讲学是密不可分的。

那么，阳明所讲究为何学呢？阳明认为历史上讲学主要有两种类型：一种是"讲之以口耳"，意指"传习训诂"一类；一种是"讲之以身心"，即儒学所主张的"实有诸己"之学，也可以说是"身心之学"。(《传习录》中，一七二)

何谓"身心之学"呢？其实就是儒家强调的躬行实践之学。按阳明良知学说，天地万物都是良知之"发用"，良知也必在天地万物中"流行"。因此良知不离当下，必当呈现在日常生活的一举一动当中，这是阳明强调讲学，须讲"身心之学"的主要根据。

也正由此，可以说讲良知之学就是讲"身心之学"，就是要结合自己的生活实践来讲，就其形式而言，主要是在民间开展讲学。因此，一般士人及普通百姓日常生活中的各种世间事务，都是实际的学问。即便是像财务、官司之类的琐碎事务，也"无非实学"(《传习录》下，二一八)而已。

可见，良知学既非书斋学问，更非空头议论，而是不离生活的切合实际的学问——"实学"。总之，凡是与自己的道德生命相契的便是"实学"，而讲学就是要在民间社会广泛推广这种"实学"，最终使得人人都按良心办事。这样一来，整个天下，幸莫大焉！

行行出状元

> 古者四民异业而同道，其尽心焉，一也。士以修治，农以具养，工以利器，商以通货，各就其资之所近、力之所及者而业焉，以求尽其心。

（《王阳明全集》卷二十五《节庵方公墓表·乙酉》）

译文：

古代四民虽然职业不同，但追求的道理是相同的，各尽自己的良心，是一样的。士人以修身治国为业，农民以提供生养资料为业，手工业者以制造器具为业，商人以交流货物为业，各就自己的资质所近、能力所及而从事各自的事业，以充分实现自己的良心。

近代以来,社会分工愈演愈烈,但人们如何在自己的一份社会工作中实现安身立命的问题,却变得愈来愈糊涂。而在社会结构相对稳定的古代社会,主要存在四种不同职业,古称"四民",分别是士、农、工、商。

按照中国传统的社会观念,"四民"在社会上的地位是有等级次序的,士为首,属于统治阶层,农为本,工、商为末,重农抑商,这是一种传统观念。而且士人阶层主要由儒家学者及官僚士大夫所构成。但自宋代以来随着科举制度的深入发展,固定不变的"四民"阶层开始慢慢松动,到了阳明的时代则出现了较大的变动,弃儒业商或由商入儒的现象开始大量出现。这是阳明上述言论产生的社会历史原因。

如上所述,按照阳明的良知理念,良知的普遍性、共同性是不会受到不同职业限制的,从事任何职业者都具有同样的良知,也都离不开良知,这是阳明心学的根本立场。换言之,良知是可以打通一切阶层的普遍存在。

因此,阳明提出了一个重要观点——"四民异业而同道",认为儒家士人重在修身治国,农民重在种田耕植,手工业者重在器具制造,商人则主要从事货物交流。这种分工的不同乃是由于每个人的资质不同,取决于自己的能力。

但总起来说,这四种职业的目标却是共同的:按自己良心办事("求尽其心"),而共同促进互相之间的生存与发展。分别而言,就是治理天下、生产粮食离不开士人、农民,那么士人、农民分别在治理天下、粮食生产中扩充自己的本心;而制造器具、流通货物离不开工匠、商人,那么工匠、商人就分别在制造器具和流通货物中扩充自己的本心。

今天,我们可以把阳明的这一思想归纳为:职业平等观。当然,此职业平等观的前提是良知面前人人平等。而且这一思想告诉人们:我们只要随行就业,干好本职工作,便可充分实现自我良知,成就一番安身立命的事业。这就正好印证了一句俗话：行行出状元。

于是，阳明心学以良知为基本宗旨，以讲学为手段，以"四民"为对象，从而将儒学转变为一场社会化运动，在整个中晚明社会造成了广泛的影响，在很大程度上改变了儒学只是少数士人"传习训诂"之专门知识的成见，提醒人们不断意识到儒学乃是贴近普通百姓日常生活的实践之学。

可以说，阳明良知学的理论意义及其现实意义，也唯有从这一角度出发，才能获得较为全面的了解。

学贵得心

夫学贵得之心。求之于心而非也,虽其言之出于孔子,不敢以为是也。

(《传习录》中,一七三)

夫道,天下之公道也;学,天下之公学也。非朱子可得而私也,非孔子可得而私也。天下之公也,公言之而已矣。

(《传习录》中,一七六)

译文:

做学问贵在得之于心。于心上探求而觉得不对的,即使这一言论出于孔子,不敢以为是正确的。

道理,是天下公共的道理;学问,是天下公共的学问。不是朱熹能够据为己有的,不是孔子能够据为己有的。天下公共的东西,当然可以公开言说、讨论。

阳明所处的时代是程朱理学作为官学的时代，朱熹对儒家经典的解释，特别是其对《四书》的解释更是官方科举考试的标准答案。在此思想背景下，阳明能走出朱熹哲学的思想预设，提出一系列极富挑战性的思想观点，这主要得益于其"学贵得心"的为学自觉和批判精神。

　　正是基于一种批判精神，在当时的时代思想背景下，阳明说出了一句惊世骇俗的言论，即："求之于心而非也，虽其言之出于孔子，不敢以为是也。"从字面看，阳明并没有否定孔子的意思，但是在任何一种观点表述的背后，不免有另一层言外之意，须要格外注意。

　　阳明在此处所欲表达的言外之意无非是，孔子尽管不会有错，但是世间却有不少人假借孔子之名义，而忘却自己的内心，一切唯经典文本为是，这就有悖阳明一贯坚持的心学立场。也就是说，迷失了自己的心灵，而唯外在的经典权威是从，这就叫作"心从《法华》转，非是转《法华》"（《传习录》中，一五七）。为了打破这种对权威主义的迷信心态，阳明不得已而说出了上述惊世骇俗的观点。

　　"公道""公学"的论述，出自阳明答罗钦顺论学书。阳明首先承认自己编订《朱子晚年定论》诚为"不量其力"，是"不得已而然"的，虽然书中对选取的朱熹文献考证有不精准之处，但他的意图或者说目的是在"委曲调停，以明此学为重"，并坦言自己

"平生于朱子之说，如神明蓍龟"，今日"一旦与之背驰"，心中也难免"有所未忍"。因此"不得已"而编订《朱子晚年定论》。

继而阳明进一步指出，"不忍抵牾朱子者"，是他的本心；但"不得已而与之抵牾者"，却是"道固如是"，并表明自己这么做就是体现了"不直则道不见"。然后接下来就是篇题下所引的第二段话，非常著名。这无疑是阳明之所以敢于、勇于与"朱子之说"相异的原因所在。

正是因为对公道、公学的认知，以及对"公言之"的信念，阳明最后指出，他现在所说的，虽然与朱子的说法不同，"未必非其所喜"，正如"君子之过，如日月之食，其更也，人皆仰之"，而"小人之过也必文"，但他自己是以君子待朱子，而不是以小人之心揣度朱子。

不过，阳明对于知识和经典权威的这种看法，却是由来有自（参见《王阳明全集》卷四《答甘泉》），也的确在晚明思想史上引发了巨大的反响，对于启发人们从自己的本心出发，重新审视一切，破除对朱子学的绝对信赖，具有重要的启发意义。

所以，黄宗羲称阳明学在晚明产生了"震霆启寐，烈耀破迷"（《明儒学案·师说·王阳明守仁》）的作用，应当不是空穴来风。当然我们不宜对此做过度的诠释。也就是说，如果据此认为阳明以上的观点是对儒学价值体系的根本质疑或颠覆，是从儒学知识的长期压抑中彻底解放"自我"，这就显然是属于过度诠释了。

学术之弊足以害天下

今世学术之弊，其谓之学仁而过者乎？谓之学义而过者乎？抑谓之学不仁不义而过者乎？吾不知其于洪水猛兽何如也！

（《传习录》中，一七六）

译文：

当今之世学术的弊端，是说学仁过度了吗？是说学义过度了吗？还是指学不仁不义过度了吗？我不知道它们与洪水猛兽有何区别！

学术界存在各种弊端,这是各个时代都免不了的。阳明告诉我们,早在先秦时代,学术弊端就已存在,例如孟子就曾将"行仁而过"的墨子"兼爱"、"行义而过"的杨朱"为我"比喻为"禽兽夷狄",认为这两种学说必将"以学术杀天下后世"。及至十六世纪初叶,阳明所面临的学术弊端更是有过之而无不及。他说:"杨、墨之道塞天下,孟子之时,天下之尊信杨、墨,当不下于今日之崇尚朱说。"所谓"朱说",也就是朱子学。这是说,当时属于官方意识形态学说的朱子学在阳明的眼里竟然犹如"洪水猛兽"一般有害于天下。

于是,阳明将自己比作"辟杨、墨"的孟子和"辟佛、老"的韩愈,扼腕痛惜道:"呜呼!若某者,其尤不量其力,果见其身之危,莫之救以死也矣。夫众方嘻嘻之中,而独出涕嗟若,举世恬然以趋,而独疾首蹙额以为忧。"(《传习录》中,一七六)

阳明表示他欲力挽狂澜于既倒,将世人从"崇尚朱说"的迷乱中拯救出来。要之，阳明不仅将"朱说"看作是当时学术之弊的典型表现，甚至认为这种学术弊端必将导致"杀天下后世"的严重后果，意思是学术之弊足以危害天下。

那么，阳明何以对于当时流行的教条化的朱子学说(而非针对朱子本人)表现出如此严重的危机感呢？

因为在阳明看来，僵化的朱子学特别是朱子的后学末流推崇训诂、记诵、词章之学，强调追逐外物的穷理之学，显然违背了"心即理"这一心学的第一原理以及"学贵得心"这一为学的基本原则，导致的后果是非常严重的。"世之学者，如入百戏之场……前瞻后盼，应接不遑，而耳目眩瞀，精神恍惑，日夜遨游，淹息其间，如病狂丧心之人，莫自知其家业之所归。"(《传习录》中，一四三)

何以至此呢？阳明有一个非常坚定的观点：如果忘却了为学的基本方向，那么"记诵之广，适以长其敖也；知识之多，适以行其恶也；闻见之博，适以肆其辩也；辞章之富,适以饰其伪也"(同上)。如果要从根本上扭转这类弊病,阳明认为任何行为(包括知识追求等行为)都须要由良知这一"主人翁"作为主导,也就是说,必须在良知的统领之下,我们的行为才不至于迷失方向。

不用说,自二十世纪八十年代初以来,中国人文学术界的各种研究成果已有了十分喜人的长足进步。然而也常听到人们叹息,当今学术腐败可谓触目惊心。于是,粗制滥造者有之,低水平重复者有之,罔顾前辈研究、独自闭门造车而自以为是者有之。种种迹象表明,各种学术弊端已到了十分严重的地步。若用王阳明的话来说,已到了"洪水猛兽"的地步,难道还可以熟视无睹、袖手旁观吗?

厅堂三间共为一厅之喻

圣人尽性至命,何物不具?何待兼取?二氏之用,皆我之用。即吾尽性至命中完养此身,谓之仙。即吾尽性至命中不染世累,谓之佛。但后世儒者不见圣学之全,故与二氏成二见耳。譬之厅堂,三间共为一厅。

(《传习录拾遗》,四五)

译文:

圣人之学,"穷理尽性以至于命",无所不包,哪里用得着兼容并取?佛、道二家的学问,都为我儒家所用。如果我在穷理尽性以至于命中完养此身体,那就成就了道家的仙;如果我在穷理尽性以至于命中不染世累,那就成就了佛。只是后世儒家学者,没有看到圣学的整体,所以把佛、道二家的学问看作是与儒家不同了。以厅堂为喻,儒、佛、道三间共为一厅。

儒、佛、道是中国传统思想文化的基本组成部分，而关于儒、佛、道三家关系，历来各有阐释。就宋明理学家们而言，他们大都有早年泛滥词章、出入佛老，而后返求六经、归宗儒门的人生经历。不过，宋代儒者大多严守三教界限，比如张载、二程、朱熹都有力辟佛老的言论。而有明一代，阳明心学一系在三教关系上则多持圆融、调和立场。

在此，阳明对三教关系的解释显得颇为生动有趣。他以一个厅堂中三个房间为喻，说明佛、道两家的学问不出于我儒家的学问范围。这里的"我"就是阳明所强调的"圣人尽性至命"之学，即自家身心性命之学。

而佛、道两家之所以出现，在阳明看来，就是因为后儒"不见圣学之全"，而将本属于自己的"三间共为一厅"的房子拨出左右两间，将属于"吾心(心灵)"一间割让给佛，将属于"养身"一间割让给道，只剩下"人伦(社会)"一间，致使儒成为"小家"。而且颇为认可儒、佛、道"其初只是一家"，只是后来"相较相争"，又夹杂着人世间的诸般"名利"，造成"相争相敌"的局面。(《王阳明全集新编本》卷四十《补录二》) 而所谓"二氏之用，皆我之用"，不过就是回收曾经割让出去的两间而已。

同时，阳明对佛、道两家的阐释带有强烈的现世的生命关怀，认为"人行好便是极乐，便是生西天"，并从"自己良知"的角度解释佛教的轮回转世等说，认为如果今人能够观察一下自己的良知,在一天之间,有多少不同的变化、转折,"倏焉而夷狄,倏焉而禽兽",不知其间有多少轮回、多少变幻。只是人对此没有自觉而已。(《王阳明全集新编本》卷四十《补录二》)

阳明的三教之判表现的现世人道关怀的向度,在当代新儒家的相关论述中亦有影响。如牟宗三在《中国文化大动脉中的终极关心问题》一文中就指出:

就儒者的立场说,一个人如能真实无妄地"践仁",为国家社会做事尽其忠心,事奉父母尽其孝心,与朋友交尽其信实之心,在兄弟姊妹之间尽其友爱之心,在夫妇之间尽其和顺之心,便是"心安理得"。说得救,这"心安理得"就是得救;说解脱,这"心安理得"就是解脱;说逍遥自在,这"心安理得"就是逍遥自在。你能这样"心安理得",现实世界就是你的天堂,现实世界就是你的极乐世界。否则,你没有这"心安理得",谁也救不了你,你永远不能解脱、不得逍遥,现实世界就是你的地狱。

牟宗三的这一观点与阳明以儒家的价值、意义世界来判定佛、道二教,可以说是一脉相承的。当然必须指出的是,阳明心中的儒家意义世界自然是指他的"致良知教",是他认可的"圣人大中至正之道""圣人之学",而非世儒之学、词章之学。

阳明的弟子王嘉秀好仙、佛,针对他的说法,即仙、佛有

"上一截","后世儒者"如记诵、词章、功利、训诂却是"只得圣人下一截"之说,阳明认为这样区分"上一截""下一截",也是偏见,"论圣人大中至正之道,彻上彻下,只是一贯"。(《传习录》上,四九)

阳明的另一弟子萧惠亦好仙、佛,阳明以自己一生的从学经历为例提出反驳:"吾亦自幼笃志二氏;自谓既有所得,谓儒者为不足学。其后居夷三载,见得圣人之学若是其简易广大,始自叹悔错用了三十年气力。"(《传习录》上,一二四)出入佛、老,而最终归宗儒家,是阳明一生中的重大思想转向。

如大多数理学家一样,阳明也认为:"释氏于世间一切情欲之私,都不染着,似无私心。但外弃人伦,却似未当理。"又说:"亦只是一统事,都只是成就他一个私己的心。"(《传习录》上,九四)从"外人伦,遗物理"的角度来批评佛教,无疑是宋明理学家的一贯立场。这是说佛教遗缺"下一截"工夫。

进而阳明指出,即便是在"上一截",佛、道仍有"未尽处",他说:"二氏之学,其妙与圣人只有毫厘之间。"(《传习录》中,一二四)阳明的立场是从"良知的本色"即"良知之虚""良知之无"来批评"仙家之虚""佛氏之无"。他认为:"仙家说虚,从养生上来。佛氏说无,从出离生死苦海上来。"这是说,仙、佛的做法是在良知虚无的"本体上加却这些子意思在,便不是他虚无的本色了,便于本体有障碍",与此相比,"圣人只是还他良知的本色,更不着些子意在",于是"良知之虚,便是天之太虚。良知之无,便是太虚之无形"。就像"日月风雷、山川民物,凡有貌象形色,皆在太虚无形中发用流行,未尝作得天的障碍"一样,圣人"只是顺其良知之发用。天地万物,俱在我良知的发用流行中,何尝又有一物超于良知之外,能作得障碍"?(《传习录》下,二六九)

　　一般而言,虚无、不着相、空静是佛、道二教的基本理论立场,但在阳明看来,佛、道于此等处虽然高妙,但仍不如圣人之学那么高明。他认为佛、道是堕于"空寂",而圣人之学即他的良知之学,才是真正的虚无,才是真正的不着相,才是有无、动静、寂感浑然一体的。也就是说,阳明的"致良知教"才是"范围三教之宗"(王畿语)。

敬畏之心不为洒落之累

洒落生于天理之常存，天理常存生于戒慎恐惧之无间。孰谓敬畏之心，反为洒落累耶？

（《传习录拾遗》，四八）

译文：

　　洒落产生于天理的常存，天理的常存产生于戒慎恐惧的不间断。谁说敬畏之心，反而成为洒落的拖累呢？

从宋代周敦颐的"光风霁月"、程颢的"吟风弄月"到明代陈白沙的"鸢飞鱼跃",代表着宋代以来儒家传统中崇尚自然、廓然大公的"洒落"气象;而自程颐到朱熹,更多地提倡庄正严肃的"主敬"工夫:两者形成了一种在宋明理学内部关于工夫、境界等问题的颇为重要的思想张力。

正如陈来所说,敬畏和洒落作为两种境界"在儒学中一直有一种紧张,过度的洒落,会游离道德的规范性,淡化社会的责任感;过度的敬畏,使心灵不能摆脱束缚感而以自由活泼的心境发挥主体的潜能"。到了明代特别是阳明及其后学这里,对于这个问题的争论更成为一关键性问题。陈来称此即"敬畏与洒落之争"是"我们把握明代理学的内在线索"。可以说,明代理学是"围绕着阳明所谓'戒慎'与'和乐'或'敬畏'与'洒落'之辩展开的"。(《有无之境——王阳明哲学的精神》)

总的来看,正如阳明在心理、心物、格致诚正等关系之间不喜分析一样,在"敬畏"与"洒落"之间,他主张"敬""乐"合一。

具体而言,阳明指出君子所谓的"敬畏"不是《大学》中"有所恐惧""有所忧患"的意思,而是《中庸》"戒慎乎其所不睹,恐惧乎其所不闻"之意;同时,君子所谓的"洒落"也不是"旷荡放逸、纵情肆意"的意思,而是"心体"不被物欲所累,"无入而不自得"(《中庸》)的意思。正如前所述,在阳明这里,心之本体就是天理，而天理之"昭明灵觉"就是良知，而君子做戒慎恐惧的工夫，目的就是使此"昭明灵觉"不至于昏昧放逸，而流于非辟邪妄的地步。

于是，只要确保戒慎恐惧的工夫不间断，天理便能常存于心中，那么"昭明灵觉之本体"就不会有所亏欠，不会有所牵扰，不会有恐惧忧患，不会有好乐忿懥，更不会有"意必固我"的问题，便是"从心所欲而不逾矩"，这便是"真洒落"。这是因为"洒落为吾心之体"，而"敬畏为洒落之功"，如果把"敬畏""洒落"分作两件事情，就会产生相互抵触的后果，人的行为便会出现差错，便会犯孟子所说的"助长"毛病。比如尧、舜之兢兢业业，文王之小心翼翼，这便是"敬畏"，是出于"其心体之自然"，不是"有所为而为之"，这便是"自然"。(《传习录拾遗》，四八) 一句话，在阳明这里，真正的洒落来自真正的敬畏。

因此，陈来总结道："对于阳明，我们必须记住，一方面他对洒落自得、无滞无碍的境界有真体会，另一方面他始终坚持以有为体、以无为用，以敬畏求洒落。"(《有无之境——王阳明哲学的精神》)

乐是心之本体

乐是心之本体。虽不同于七情之乐，而亦不外于七情之乐。虽则圣贤别有真乐，而亦常人之所同有。但常人有之而不自知，反自求许多忧苦，自加迷弃。虽在忧苦迷弃之中，而此乐又未尝不存。但一念开明，反身而诚，则即此而在矣。

（《传习录》中，一六六）

注释：

七情：语出《礼记·礼运》："何谓人情？喜、怒、哀、惧、爱、恶、欲，七者，弗学而能。"

反身而诚：语出《孟子·尽心上》，孟子曰："万物皆备于我矣。反身而诚，乐莫大焉。"

译文：

乐是心的本体。虽不同于七情的乐，然也不外于七情的乐。虽然圣贤另有真正的乐，然也与常人并无不同。只是常人有这种乐而自己不知道，反而自去寻求许多忧愁苦难，自己给自己带来更多的迷茫而放弃了快乐。虽在忧苦迷茫之中，这种乐又未尝不存在。只要一念豁然明朗，反求自身的诚，就能体会到这种乐了。

所谓"乐是心之本体",其意是说"乐"就是心体本来应有的状态,即心体就其本来状态来说是一种充满精神、道德愉悦的存在。

例如,阳明通过对孔子"学而时习之,不亦说乎?有朋自远方来,不亦乐乎?"的解读,结合其"万物一体"的思想,指出:"乐是心之本体。仁人之心,以天地万物为一体。䜣合和畅,原无间隔。……时习者,求复此心之本体也。悦则本体渐复矣。朋来则本体之䜣合和畅,充周无间。本体之䜣合和畅,本来如是,初未尝有所增也。就使无朋来而天下莫我知焉,亦未尝有所减也。"(《王阳明全集》卷五《与黄勉之·二》)这说明,阳明学所说的"乐"就是心体良知"本来如是"的精神性、道德性的愉悦感。

可见,自阳明提出"致良知"之后,指出只要依着良知,实实在在地做一番为善去恶的工夫,就是最大的"快乐"。应当说,这一思想反映了阳明心学的一个重要特质,即对于人生快乐的追求必须建立在道德实践之上。这一思想构成了以追求精神愉悦为指向的人生哲学，反映了阳明心学积极入世的思想精神，从而有别于佛教把人生世俗视作一片"苦海"，寻求超脱此世而追求彼岸的思想旨趣。

"寻孔颜乐处"可以说是宋明时期儒家的共同追求。阳明提出"乐是心之本体"命题，是继承二程"孔颜之乐"讨论以及朱熹讲"唯仁者故能乐"而来，都是讲"乐"是来自心性本体。在工夫上，都强调去除人欲，朱熹讲"私欲克尽，故乐"（《朱子语类》卷三十一），阳明也讲"去人欲，存天理"而恢复"吾性本体之乐"。

阳明的这一思想对泰州学派产生了重要影响，王艮撰有《乐学歌》，对"乐是心之本体"思想有进一步发挥，对后世产生了深远影响。王艮次子王襞更提出了"乐即道也"命题。但另一方面，晚明时期学者对此的批评也十分强烈，王时槐就严厉批评："后儒有以乐为学者，致其流弊，猖狂纵恣，大坏名教。"（《友庆堂合稿》卷四《三益轩会语》）

索　引

＊按首字拼音排序

C

此"致知"二字，真是个千古圣传之秘。(《传习录》下，二一一)/126

D

大人者，以天地万物为一体者也，其视天下犹一家，中国犹一人焉。(《王阳明全集》卷二十六《大学问》)/182

E

尔那一点良知，是尔自家底准则。尔意念着处，他是便知是，非便知非，更瞒他一些不得。尔只不要欺他，实实落落依着他做去，善便存，恶便去。(《传习录》下，二〇六)/058

尔身各各自天真，不用求人更问人。但致良知成德业，谩从故纸费精神。(《王阳明全集》卷二十《示诸生三首》其一)/154

F

夫道,天下之公道也;学,天下之公学也。非朱子可得而私也,非孔子可得而私也。天下之公也,公言之而已矣。(《传习录》中,一七六)/222

夫圣人之心,以天地万物为一体。(《传习录》中,一四二)/170

夫物理不外于吾心,外吾心而求物理,无物理矣。(《传习录》中,一三三)/026

夫学贵得之心。求之于心而非也,虽其言之出于孔子,不敢以为是也。(《传习录》中,一七三)/222

G

盖良知之在人心,亘万古,塞宇宙,而无不同。(《传习录》中,一七一)/086

盖身、心、意、知、物者,是其工夫所用之条理;虽亦各有其所,而其实只是一物。格、致、诚、正、修者,是其条理所用之工夫,虽亦皆有其名,而其实只是一事。(《王阳明全集》卷二十六《大学问》)/134

"格物"如孟子"大人格君心"之"格",是去其心之不正,以全其本体之正。但意念所在,即要去其不正,以全其正,即无时无处不是存天理,即是穷理。(《传习录》上,七)/118

个个人心有仲尼。(《王阳明全集》卷二十《咏良知四首示诸生》)/162

功夫不离本体，本体原无内外。只为后来做功夫的分了内外，失其本体了。如今正要讲明，功夫不要有内外，乃是本体功夫。(《传习录》下，二〇四)/210

古者四民异业而同道，其尽心焉，一也。士以修治，农以具养，工以利器，商以通货，各就其资之所近、力之所及者而业焉，以求尽其心。(《王阳明全集》卷二十五《节庵方公墓表·乙酉》)/218

H

合着本体，方是工夫；做得工夫，方是本体。又曰：做得工夫，方见本体。又曰：做工夫的，便是本体。(《王阳明全集》卷四十《稽山承语》)/210

何谓身？心之形体，运用之谓也。何谓心？身之灵明，主宰之谓也。(《王阳明全集》卷二十六《大学问》)/050

忽中夜大悟格物致知之旨，寤寐中若有人语之者，不觉呼跃，从者皆惊。始知圣人之道，吾性自足，向之求理于事物者误也。(《王阳明全集》卷三十二《年谱一》)/002

或疑知行不合一，以"知之匪艰"二句为问。先生曰："良知自知，原是容易的。只是不能致那良知，便是'知之匪艰，行之惟艰'。"(《传习录》下，三二〇)/146

J

见满街人都是圣人。(《传习录》下,三一三)/166

(讲学)譬之婚姻,聊为诸君之媒妁而已。乡里后进中有可言者,即与接引,此本分内事,勿谓不暇也。(《王阳明全集》卷四《寄希渊·癸酉》))/214

今诚得豪杰同志之士扶持匡翼,共明良知之学于天下,使天下之人皆知自致其良知,以相安相养,去其自私自利之蔽,一洗谗妒胜忿之习,以济于大同。(《传习录》中,一八三)/186

今日良知见在如此,只随今日所知扩充到底。明日良知又有开悟,便从明日所知扩充到底。如此方是精一功夫。(《传习录》下,二二五)/090

今世学术之弊,其谓之学仁而过者乎?谓之学义而过者乎?抑谓之学不仁不义而过者乎?吾不知其于洪水猛兽何如也!(《传习录》中,一七六)/226

K

狂者志存古人,一切纷嚣俗染,举不足以累其心,真有凤凰翔于千仞之意。一克念,即圣人矣。(《传习录拾遗》,四)/178

L

乐是心之本体。虽不同于七情之乐,而亦不外于七情之乐。虽则圣贤别有真乐,而亦常人之所同有。但常人有之而不自知,反自求许多忧苦,自加迷弃。虽在忧苦迷弃之中,而此乐又未尝不存。但一念开明,反身而诚,则即此而在矣。(《传习录》中,一六六)/240

良知不由见闻而有,而见闻莫非良知之用。故良知不滞于见闻,而亦不离于见闻。孔子云:"吾有知乎哉?无知也。"良知之外,别无知矣。(《传习录》中,一六八)/094

良知发用之思,自然明白简易,良知亦自能知得。若是私意安排之思,自是纷纭劳扰,良知亦自会分别得。盖思之是非邪正,良知无有不自知者。(《传习录》中,一六九)/062

良知即是独知时,此知之外更无知。谁人不有良知在,知得良知却是谁?知得良知却是谁,自家痛痒自家知。若将痛痒从人问,痛痒何须更问为!(《王阳明全集》卷二十《答人问良知二首》)/066

良知明白,随你去静处体悟也好,随你去事上磨炼也好,良知本体原是无动无静的,此便是学问头脑。(《传习录》下,二六二)/114

良知是天理之昭明灵觉处,故良知即是天理。(《传习录》中,一六九)/074

良知是造化的精灵。这些精灵生天生地,成鬼成帝,皆从此出,真是与物无对。(《传习录》下,二六一)/102

良知无前后,只知得见在的几,便是一了百了。(《传习录》

个忠的理；交友、治民，不成去友上、民上求个信与仁的理。都只在此心，心即理也。（《传习录》上，三）/030

人的良知，就是草木瓦石的良知。若草木瓦石无人的良知，不可以为草木瓦石矣。岂惟草木瓦石为然？天地无人的良知，亦不可为天地矣。盖天地万物，与人原是一体。其发窍之最精处，是人心一点灵明。（《传习录》下，二七四）/106

人心是天渊。（《传习录》下，二二二）/022

人须在事上磨，方立得住，方能静亦定，动亦定。（《传习录》上，二三）/138

若鄙人所谓致知格物者，致吾心之良知于事事物物也。吾心之良知，即所谓天理也。致吾心良知之天理于事事物物，则事事物物皆得其理矣。致吾心之良知者，致知也。事事物物皆得其理者，格物也。（《传习录》中，一三五）/122

洒落生于天理之常存，天理常存生于戒慎恐惧之无间。孰谓敬畏之心，反为洒落累耶？（《传习录拾遗》，四八）/236

身之主宰便是心，心之所发便是意，意之本体便是知，意之所在便是物。（《传习录》上，六）/046

"生之谓性"，"生"字即是"气"字，犹言气即是性也。气即是性,"人生而静"以上不容说,才说气即是性,即已落在一边,不是性之本原矣。孟子"性善",是从本原上说。然性善之端须在气上始见得,若无气,亦无可见矣。恻隐、羞恶、辞让、是非即是气。(《传习录》中,一五〇)/206

圣人尽性至命,何物不具?何待兼取?二氏之用,皆我之用。即吾尽性至命中完养此身,谓之仙。即吾尽性至命中不染世累,谓之佛。但后世儒者不见圣学之全,故与二氏成二见耳。譬之厅堂,三间共为一厅。(《传习录拾遗》,四五)/230

圣人之所以为圣,只是其心纯乎天理,而无人欲之杂。犹精金之所以为精,但以其成色足而无铜铅之杂也。人到纯乎天理方是圣,金到足色方是精。(《传习录》上,九九)/158

所谓汝心,亦不专是那一团血肉。若是那一团血肉,如今已死的人,那一团血肉还在,缘何不能视听言动?所谓汝心,却是那能视听言动的,这个便是性,便是天理。……这心之本体,原只是个天理,原无非礼,这个便是汝之真己。这个真己是躯壳的主宰。若无真己,便无躯壳。(《传习录》中,一二二)/014

所幸天理之在人心,终有所不可泯,而良知之明,万古一日,则其闻吾"拔本塞源"之论,必有恻然而悲、戚然而痛、愤然而起,沛然若决江河而有所不可御者矣!非夫豪杰之士无所待而兴起者,吾谁与望乎?(《传习录》中,一四三)/174

W

万理由来吾具足，《六经》原只是阶梯。(《王阳明全集》卷二十《林汝桓以二诗寄次韵为别》其二)/154

未发之中，即良知也。无前后内外，而浑然一体者也。有事无事，可以言动静，而良知无分于有事无事也；寂然感通，可以言动静，而良知无分于寂然感通也。(《传习录》中，一五七)/114

我的灵明，便是天地鬼神的主宰。天没有我的灵明，谁去仰他高？地没有我的灵明，谁去俯他深？鬼神没有我的灵明，谁去辨他吉凶灾祥？天地鬼神万物离却我的灵明，便没有天地鬼神万物了。(《传习录》下，三三六)/110

我今说个知行合一，正要人晓得一念发动处，便即是行了。发动处有不善，就将这不善的念克倒了。须要彻根彻底，不使那一念不善潜伏在胸中。此是我立言宗旨。(《传习录》下，二二六)/150

我说个心即理，要使知心理是一个，便来心上做工夫，不去袭义于外，便是王道之真。此我立言宗旨。(《传习录》下，三二一)/030

呜呼！天道之运，无一息之或停；吾心良知之运，亦无一息之或停。良知即天道，谓之"亦"，则犹二之矣。(《王阳明全集》卷七《惜阴说·丙戌》)/078

无善无恶是心之体，有善有恶是意之动，知善知恶是良知，为善去恶是格物。（《传习录》下，三一五）/190

无善无恶者理之静，有善有恶者气之动。不动于气，即无善无恶，是谓至善。（《传习录》上，一〇一）/196

无善无恶者心也，有善有恶者意也，知善知恶者良知也，为善去恶者格物也。（《王阳明全集》卷四十《稽山承语》）/190

无声无臭独知时，此是乾坤万有基。抛却自家无尽藏，沿门持钵效贫儿。（《王阳明全集》卷二十《咏良知四首示诸生》）/070

无事时固是独知，有事时亦是独知。……此独知处便是诚的萌芽。此处不论善念恶念，更无虚假，一是百是，一错百错。（《传习录》中，一二〇）/066

吾心自有光明月，千古团圆永无缺。（《王阳明全集》卷二十《中秋》）/022

X

先生游南镇，一友指岩中花树问曰："天下无心外之物，如此花树，在深山中自开自落，于我心亦何相关？"

先生曰："你未看此花时，此花与汝心同归于寂。你来看此花时，则此花颜色一时明白起来。便知此花不在你的心外。"（《传习录》下，二七五）/042

心即天。（《王阳明全集》卷六《答季明德·丙戌》）/022

心外无物，心外无事，心外无理，心外无义，心外无善。

（《王阳明全集》卷四《与王纯甫·癸酉》）/038

心之良知是谓圣。（《王阳明全集》卷六《书魏师孟卷·乙酉》）/162

<h1 style="text-align:center">Y</h1>

颜子没，而圣学之正派，遂不尽传矣。（《传习录》上，七七）/130

亦只是终日与圣贤印对，是个纯乎天理之心。任他读书，亦只是调摄此心而已。（《传习录》下，二四一）/154

意之所用，必有其物，物即事也。（《传习录》中，一三七）/034

<h1 style="text-align:center">Z</h1>

知来本无知，觉来本无觉。（《传习录》下，二一三）/094

知是心之本体，心自然会知。见父自然知孝，见兄自然知弟，见孺子入井自然知恻隐。此便是良知，不假外求。（《传习录》上，八）/018

知是行的主意，行是知的功夫；知是行之始，行是知之成。（《传习录》上，五）/142

知天下之物本无可格者，其格物之功只在身心上做，决然以圣人为人人可到，便自有担当了。（《传习录》下，三一八）/006

知行原是两个字说一个工夫，这一个工夫须着此两个字，方说得完全无弊病。（《王阳明全集》卷六《答友人问·丙戌》）/142

知者行之始,行者知之成。圣学只一个功夫,知行不可分作两事。(《传习录》上,二六)/142

只存得此心常见在,便是学。过去、未来事,思之何益?徒放心耳。(《传习录》上,七九)/090

只要解心。心明白,书自然融会。若心上不通,只要书上文义通,却自生意见。(《传习录》下,二一七)/154

至善者心之本体。本体上才过当些子,便是恶了。不是有一个善,却又有一个恶来相对也。故善恶只是一物。(《传习录》下,二二八)/202

致良知之外,无学矣。自孔、孟既没,此学失传几千百年。赖天之灵,偶复有见,诚千古之一快!(《王阳明全集》卷八《书魏师孟卷·乙酉》)/126

纵格得草木来,如何反来诚得自家意?(《传习录》下,三一七)/010

《传习录百句》

　　且如事父，不成去父上求个孝的理；事君，不成去君上求个忠的理；交友、治民，不成去友上、民上求个信与仁的理。都只在此心，心即理也。(《传习录》上，三)/030

　　知是行的主意，行是知的功夫；知是行之始，行是知之成。(《传习录》上，五)/142

　　身之主宰便是心，心之所发便是意，意之本体便是知，意之所在便是物。(《传习录》上，六)/046

　　"格物"如孟子"大人格君心"之"格"，是去其心之不正，以全其本体之正。但意念所在，即要去其不正，以全其正，即无时无处不是存天理，即是穷理。(《传习录》上，七)/118

　　知是心之本体，心自然会知。见父自然知孝，见兄自然知弟，见孺子入井自然知恻隐。此便是良知，不假外求。(《传习

录》上,八)/018

人须在事上磨,方立得住,方能静亦定,动亦定。(《传习录》上,二三)/138

知者行之始,行者知之成。圣学只一个功夫,知行不可分作两事。(《传习录》上,二六)/142

颜子没,而圣学之正派,遂不尽传矣。(《传习录》上,七七)/130

只存得此心常见在,便是学。过去、未来事,思之何益?徒放心耳。(《传习录》上,七九)/090

圣人之所以为圣,只是其心纯乎天理,而无人欲之杂。犹精金之所以为精,但以其成色足而无铜铅之杂也。人到纯乎天理方是圣,金到足色方是精。(《传习录》上,九九)/158

无善无恶者理之静,有善有恶者气之动。不动于气,即无善无恶,是谓至善。(《传习录》上,一〇一)/196

无事时固是独知,有事时亦是独知。……此独知处便是诚的萌芽。此处不论善念恶念,更无虚假,一是百是,一错百错。(《传习录》中,一二〇)/066

所谓汝心,亦不专是那一团血肉。若是那一团血肉,如今已死的人,那一团血肉还在,缘何不能视听言动?所谓汝心,却是那能视听言动的,这个便是性,便是天理。……这心之本体,原只是个天理,原无非礼,这个便是汝之真己。这个真己是躯壳的主宰。若无真己,便无躯壳。(《传习录》中,一二二)/014

夫物理不外于吾心,外吾心而求物理,无物理矣。(《传习录》中,一三三)/026

若鄙人所谓致知格物者,致吾心之良知于事事物物也。吾心之良知,即所谓天理也。致吾心良知之天理于事事物物,则事事物物皆得其理矣。致吾心之良知者,致知也。事事物物皆得其理者,格物也。(《传习录》中,一三五)/122

意之所用,必有其物,物即事也。(《传习录》中,一三七)/034

夫圣人之心,以天地万物为一体。(《传习录》中,一四二)/170

所幸天理之在人心,终有所不可泯,而良知之明,万古一日,则其闻吾"拔本塞源"之论,必有恻然而悲、戚然而痛、愤然而起,沛然若决江河而有所不可御者矣!非夫豪杰之士无所待而兴起者,吾谁与望乎?(《传习录》中,一四三)/174

"生之谓性","生"字即是"气"字,犹言气即是性也。气即是性,"人生而静"以上不容说,才说气即是性,即已落在一边,不是性之本原矣。孟子"性善",是从本原上说。然性善之端须在气上始见得,若无气,亦无可见矣。恻隐、羞恶、辞让、是非即是气。(《传习录》中,一五〇)/206

未发之中,即良知也。无前后内外,而浑然一体者也。有事无事,可以言动静,而良知无分于有事无事也;寂然感通,可以言动静,而良知无分于寂然感通也。(《传习录》中,一五七)/114

乐是心之本体。虽不同于七情之乐,而亦不外于七情之乐。虽则圣贤别有真乐，而亦常人之所同有。但常人有之而不自知，反自求许多忧苦，自加迷弃。虽在忧苦迷弃之中，而此乐又未尝不存。但一念开明，反身而诚，则即此而在矣。（《传习录》中，一六六）/240

良知不由见闻而有，而见闻莫非良知之用。故良知不滞于见闻，而亦不离于见闻。孔子云："吾有知乎哉？无知也。"良知之外，别无知矣。（《传习录》中，一六八）/094

良知发用之思，自然明白简易，良知亦自能知得。若是私意安排之思，自是纷纭劳扰，良知亦自会分别得。盖思之是非邪正，良知无有不自知者。（《传习录》中，一六九）/062

良知是天理之昭明灵觉处，故良知即是天理。（《传习录》中，一六九）/074

盖良知之在人心，亘万古，塞宇宙，而无不同。（《传习录》中，一七一）/086

夫学贵得之心。求之于心而非也，虽其言之出于孔子，不敢以为是也。（《传习录》中，一七三）/222

夫道，天下之公道也；学，天下之公学也。非朱子可得而私也，非孔子可得而私也。天下之公也，公言之而已矣。（《传习录》中，一七六）/222

今世学术之弊，其谓之学仁而过者乎？谓之学义而过者乎？抑谓之学不仁不义而过者乎？吾不知其于洪水猛兽何如也！（《传习录》中，一七六）/226

今诚得豪杰同志之士扶持匡翼，共明良知之学于天下，使天下之人皆知自致其良知，以相安相养，去其自私自利之蔽，一洗谗妒胜忿之习，以济于大同。(《传习录》中，一八三)/186

功夫不离本体，本体原无内外。只为后来做功夫的分了内外，失其本体了。如今正要讲明，功夫不要有内外，乃是本体功夫。(《传习录》下，二〇四)/210

尔那一点良知，是尔自家底准则。尔意念着处，他是便知是，非便知非，更瞒他一些不得。尔只不要欺他，实实落落依着他做去，善便存，恶便去。(《传习录》下，二〇六)/058

此"致知"二字，真是个千古圣传之秘。(《传习录》下，二一一)/126

知来本无知，觉来本无觉。(《传习录》下，二一三)/094

只要解心。心明白，书自然融会。若心上不通，只要书上文义通，却自生意见。(《传习录》下，二一七)/154

人心是天渊。(《传习录》下，二二二)/022

今日良知见在如此，只随今日所知扩充到底。明日良知又有开悟，便从明日所知扩充到底。如此方是精一功夫。(《传习录》下，二二五)/090

我今说个知行合一，正要人晓得一念发动处，便即是行了。发动处有不善，就将这不善的念克倒了。须要彻根彻底，不使那一念不善潜伏在胸中。此是我立言宗旨。(《传习录》下，二二六)/150

至善者心之本体。本体上才过当些子，便是恶了。不是有一个善，却又有一个恶来相对也。故善恶只是一物。(《传习录》下,二二八)/202

亦只是终日与圣贤印对,是个纯乎天理之心。任他读书,亦只是调摄此心而已。(《传习录》下,二四一)/154

先生游南镇,一友指岩中花树问曰:"天下无心外之物,如此花树,在深山中自开自落,于我心亦何相关?"

先生曰:"你未看此花时,此花与汝心同归于寂。你来看此花时,则此花颜色一时明白起来。便知此花不在你的心外。"(《传习录》下,二七五)/042

良知是造化的精灵。这些精灵生天生地,成鬼成帝,皆从此出,真是与物无对。(《传习录》下,二六一)/102

良知明白,随你去静处体悟也好,随你去事上磨炼也好,良知本体原是无动无静的,此便是学问头脑。(《传习录》下,二六二)/114

良知原是完完全全,是的还他是,非的还他非,是非只依着他,更无有不是处。这良知还是你的明师。(《传习录》下,二六五)/070

良知之虚,便是天之太虚;良知之无,便是太虚之无形。日月风雷、山川民物,凡有貌象形色,皆在太虚无形中发用流行,未尝作得天的障碍。圣人只是顺其良知之发用。天地万物,俱在我良知的发用流行中,何尝又有一物超于良知之外,

能作得障碍？(《传习录》下，二六九)/098

人的良知，就是草木瓦石的良知。若草木瓦石无人的良知，不可以为草木瓦石矣。岂惟草木瓦石为然？天地无人的良知，亦不可为天地矣。盖天地万物，与人原是一体。其发窍之最精处，是人心一点灵明。(《传习录》下，二七四)/106

先生游南镇，一友指岩中花树问曰："天下无心外之物，如此花树，在深山中自开自落，于我心亦何相关？"

先生曰："你未看此花时，此花与汝心同归于寂。你来看此花时，则此花颜色一时明白起来。便知此花不在你的心外。"(《传习录》下，二七五)/042

良知无前后，只知得见在的几，便是一了百了。(《传习录》下，二八一)/090

见满街人都是圣人。(《传习录》下，三一三)/166

无善无恶是心之体，有善有恶是意之动，知善知恶是良知，为善去恶是格物。(《传习录》下，三一五)/190

纵格得草木来，如何反来诚得自家意？(《传习录》下，三一七)/010

知天下之物本无可格者，其格物之功只在身心上做，决然以圣人为人人可到，便自有担当了。(《传习录》下，三一八)/006

或疑知行不合一，以"知之匪艰"二句为问。先生曰："良知自知，原是容易的。只是不能致那良知，便是'知之匪艰，行之惟艰'。"(《传习录》下，三二〇)/146

我说个心即理,要使知心理是一个,便来心上做工夫,不去袭义于外,便是王道之真。此我立言宗旨。(《传习录》下,三二一)/030

我的灵明,便是天地鬼神的主宰。天没有我的灵明,谁去仰他高?地没有我的灵明,谁去俯他深?鬼神没有我的灵明,谁去辨他吉凶灾祥?天地鬼神万物离却我的灵明,便没有天地鬼神万物了。(《传习录》下,三三六)/110

《传习录拾遗》

良知犹主人翁。……良知昏迷,众欲乱行。良知精明,众欲消化,亦犹是也。(《传习录拾遗》,二)/070

狂者志存古人,一切纷嚣俗染,举不足以累其心,真有凤凰翔于千仞之意。一克念,即圣人矣。(《传习录拾遗》,四)/178

圣人尽性至命,何物不具?何待兼取?二氏之用,皆我之用。即吾尽性至命中完养此身,谓之仙。即吾尽性至命中不染世累,谓之佛。但后世儒者不见圣学之全,故与二氏成二见耳。譬之厅堂,三间共为一厅。(《传习录拾遗》,四五)/230

洒落生于天理之常存,天理常存生于戒慎恐惧之无间。孰谓敬畏之心,反为洒落累耶?(《传习录拾遗》,四八)/236

《王阳明全集》

心外无物,心外无事,心外无理,心外无义,心外无善。

（《王阳明全集》卷四《与王纯甫·癸酉》）/038

（讲学）譬之婚姻，聊为诸君之媒妁而已。乡里后进中有可言者，即与接引，此本分内事，勿谓不暇也。（《王阳明全集》卷四《寄希渊·癸酉》）/214

知行原是两个字说一个工夫，这一个工夫须着此两个字，方说得完全无弊病。（《王阳明全集》卷六《答友人问·丙戌》）/142

心即天。（《王阳明全集》卷六《答季明德·丙戌》）/022

心之良知是谓圣。（《王阳明全集》卷六《书魏师孟卷·乙酉》）/162

呜呼！天道之运，无一息之或停；吾心良知之运，亦无一息之或停。良知即天道，谓之"亦"，则犹二之矣。（《王阳明全集》卷七《惜阴说·丙戌》）/078

致良知之外，无学矣。自孔、孟既没，此学失传几千百年。赖天之灵，偶复有见，诚千古之一快！（《王阳明全集》卷八《书魏师孟卷·乙酉》）/126

万理由来吾具足，《六经》原只是阶梯。（《王阳明全集》卷二十《林汝桓以二诗寄次韵为别》其二）/154

千圣皆过影，良知乃吾师。（《王阳明全集》卷二十《长生》）/162

无声无臭独知时，此是乾坤万有基。抛却自家无尽藏，沿门持钵效贫儿。（《王阳明全集》卷二十《咏良知四首示诸生》）/070

尔身各各自天真，不用求人更问人。但致良知成德业，漫

从故纸费精神。(《王阳明全集》卷二十《示诸生三首》其一)/154

良知即是独知时,此知之外更无知。谁人不有良知在,知得良知却是谁？知得良知却是谁,自家痛痒自家知。若将痛痒从人问,痛痒何须更问为！(《王阳明全集》卷二十《答人问良知二首》)/066

绵绵圣学已千年,两字良知是口传。……不离日用常行内,直造先天未画前。(《王阳明全集》卷二十《别诸生》)/082

吾心自有光明月,千古团圆永无缺。(《王阳明全集》卷二十《中秋》)/022

个个人心有仲尼。(《王阳明全集》卷二十《咏良知四首示诸生》)/162

古者四民异业而同道,其尽心焉,一也。士以修治,农以具养,工以利器,商以通货,各就其资之所近、力之所及者而业焉,以求尽其心。(《王阳明全集》卷二十五《节庵方公墓表·乙酉》)/218

大人者,以天地万物为一体者也,其视天下犹一家,中国犹一人焉。(《王阳明全集》卷二十六《大学问》)/182

盖身、心、意、知、物者,是其工夫所用之条理;虽亦各有其所,而其实只是一物。格、致、诚、正、修者,是其条理所用之工夫,虽亦皆有其名,而其实只是一事。(《王阳明全集》卷二十六《大学问》)/134

何谓身？心之形体,运用之谓也。何谓心？身之灵明,主

宰之谓也。(《王阳明全集》卷二十六《大学问》)/050

　　忽中夜大悟格物致知之旨,寤寐中若有人语之者,不觉呼跃,从者皆惊。始知圣人之道,吾性自足,向之求理于事物者误也。(《王阳明全集》卷三十二《年谱一》)/002

　　合着本体,方是工夫;做得工夫,方是本体。又曰:做得工夫,方见本体。又曰:做工夫的,便是本体。(《王阳明全集》卷四十《稽山承语》)/210

　　无善无恶者心也,有善有恶者意也,知善知恶者良知也,为善去恶者格物也。(《王阳明全集》卷四十《稽山承语》)/190

　　某于良知之说,从百死千难中得来,非是容易见得到此。(《王阳明全集》卷四十一钱德洪《刻文录叙说》)/054

后　记

在传统思想文化的宝库中有无数的"经典"。《传习录》是阳明心学的经典，也是儒家思想文化的经典。

一部经典中有许多充满思想智慧、令人回味无穷的经典语言。人们从这些经典语言中，往往可以获取精神上的营养、思想上的启迪。阳明心学留下了丰富的堪称"经典"的语言。

《传习录百句》对王阳明《传习录》中的一些经典语言进行了择取和提炼，并结合其思想做了一些解读，目的在于引导大家进入阳明心学世界的大门。当然，阳明心学的经典语言远不止书中所介绍的这些，还有更多的思想隽永的经典语言有待大家一起去重新发现。

本书是在十多年前出版的一部旧书基础上，由孙钦香教授修改完成的，我做了一些统稿工作。在此向钦香教授表示由衷的感谢！最后，郑重感谢中华书局上海聚珍公司贾雪飞女史和胡正娟编辑为本书付出的辛劳！

吴　震

二〇二四年三月五日